AF455655

TRIDUUM

EN L'HONNEUR

DU BIENHEUREUX

JEAN-GABRIEL PERBOYRE

CÉLÉBRÉ

Au Grand-Séminaire de Châlons-sur-Marne

Les 15, 16 & 17 Avril 1890

CHALONS-SUR-MARNE

IMPRIMERIE-LIBRAIRIE F. THOUILLE, RUE D'ORFEUIL, 4

—

1890

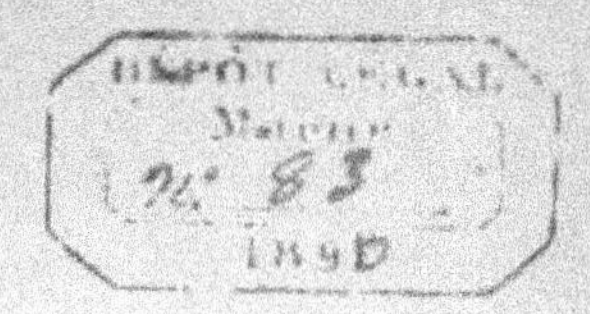

LE BIENHEUREUX

JEAN-GABRIEL PERBOYRE

TRIDUUM

EN L'HONNEUR

DU BIENHEUREUX

JEAN-GABRIEL PERBOYRE

CÉLÉBRÉ

Au Grand-Séminaire de Châlons-sur-Marne

Les 15, 16 & 17 Avril 1890

CHALONS-SUR-MARNE

IMPRIMERIE-LIBRAIRIE F. THOUILLE, RUE D'ORFEUIL, 3

—

1890

LE MARTYR JEAN-GABRIEL PERBOYRE

A CHALONS

AVANT LA BÉATIFICATION

FÊTE DE 1845

Le martyr dont la Congrégation de la Mission est justement fière et que la France porte partout en triomphe, Jean-Gabriel Perboyre, n'était pas encore mort, il était seulement arrêté et déjà le Souverain Pontife Grégoire XVI ordonnait que l'on recueillit avec soin tous les détails relatifs à sa captivité et à ses derniers moments.

Il mourut le 11 septembre 1840 ; moins de trois ans après, le 9 juillet 1843, était signé le décret qui publiait l'introduction de la cause du Serviteur de Dieu.

Un portrait du nouveau Vénérable était offert à Sa Sainteté Grégoire XVI, qui le mit dans son oratoire privé où Elle aimait à invoquer le vaillant missionnaire.

Dès ce moment, dans toutes les maisons de sa Congrégation, dans tous les établissements de ses sœurs, les Filles de la Charité, le Vénérable Perboyre était secrètement invoqué, ses images étaient entourées du plus grand respect, mais nulle part, avant 1845, on n'avait songé à l'honorer d'une statue, et c'est à Châlons que la première lui fut élevée le 26 juin 1845. Voici dans quelles circonstances.

Le Grand-Séminaire de Châlons était alors comme aujourd'hui dirigé par les Fils de Saint Vincent de Paul ; le Petit-Séminaire de Saint-Memmie était tenu par les prêtres du diocèse, ayant à leur tête, depuis 1841, un religieux de la Congrégation de la Mission, M. Jean-Baptiste Perboyre, cousin du Vénérable.

Le supérieur du Petit-Séminaire ne contribua pas peu à faire connaître, à Châlons, le nom du nouveau Martyr.

C'était sous l'épiscopat de Mgr de Prilly « le saint évêque de Châlons » comme on l'appelait, dont la vie nous a été racontée en des pages si édifiantes.

Mgr de Prilly, dès qu'il apprit que Jean-Gabriel Perboyre venait d'être déclaré Vénérable, conçut l'idée de lui ériger une statue et de la bénir solennellement dans l'oasis de Fontenay, maison de campagne de son Grand-Séminaire.

La cérémonie eut lieu le 26 juin 1845, par une de ces belles journées d'été que les frais ombrages de Fontenay rendent délicieuses aux séminaristes, quand fatigués du travail de la semaine, ils viennent y jouir d'un repos bien mérité.

Les deux Séminaires, plus de deux cents élèves, prenaient part à cette fête. Mgr de Prilly, entouré d'un nombreux clergé, des premiers dignitaires de la magistrature et de l'armée, et des confrères du glorieux martyr, bénit la statue. Elle représente le héros dans l'attitude de la prière, à genoux, les mains chargées de chaînes ; sur le socle se lit encore l'inscription que le pieux évêque avait voulu dicter lui-même : *Genuit Gallia, Sina peremit, cœlum coronat.* « La France lui a donné le jour, la Chine la mort et le ciel la couronne. »

Alors un chœur nombreux de séminaristes fit entendre une joyeuse cantate à la gloire du martyr : poétique commentaire des trois mots de Mgr de Prilly, inspiré à un élève du Grand-Séminaire, M. l'abbé Soudron, mort depuis curé de Loisy-en-Brie. La musique était l'œuvre de M. Jules Leroy, alors professeur de musique à l'école normale de Châlons.

C'est peut-être le premier chant qui ait été composé en l'honneur de notre Bienheureux aujourd'hui célébré dans toutes les langues ; nous croyons intéressant de le reproduire ici :

Voix de l'Eternel.

Anges des Cieux, quittez vos saints cantiques,
Volez, volez loin des sacrés portiques.
L'innocence pour moi va signaler son bras :
Venez, venez chanter ses combats.

Chœur des Anges.

Quittons nos célestes cantiques,
Volons loin des sacrés portiques ;
Chantons de l'innocent les sublimes combats,
Chantons la force de son bras.

RÉCIT.

Une voix.

L'Eternel a parlé : la cité tout entière
Dirige de concert ses regards vers la terre,

Une autre voix.

Et les élus voyaient montant
Vers le sommet de son Calvaire,
Un prêtre, un juste, un innocent,
Tendre agneau proscrit sur la terre
Au ciel il va rejoindre un père.

Les deux voix.

Ton cœur, heureux Vincent,
Tressaille d'allégresse :
C'est Gabriel, c'est ton enfant
Le doux objet de ta tendresse.

Une voix.

Dix longs mois, d'un peuple bourreau
Il lassa l'infernale rage ;
Dix mois, au fond d'un noir cachot,
Soldat du Christ, il montra son courage.

Petit chœur.

Ennemis du Seigneur,
Levez-vous ; contre l'innocence
Armez votre fureur.
L'espérance est sa seule défense.
Courage, courage, ô soldat !
C'est ton dernier combat.
Gabriel, du courage
Le ciel est ton partage.
Courage, courage, ô soldat !

Une voix.

Grand Dieu ! quelle aveugle fureur !
Un peuple entier, respirant la vengeance,
Au combat s'anime, il s'élance :
Où va tomber ce fléau destructeur ?
Sous les éclats d'une injuste colère,
Calme, s'incline un tendre et doux agneau :
Et contre lui la rage sanguinaire
Arme les bras d'un féroce bourreau.
O peuple ingrat ! à travers les orages,
Il est venu sur tes funestes plages ;
Et son zèle partout, dissipant les erreurs,
Soulageait l'opprimé, consolait les douleurs.

Et maintenant, innocente victime
Du mandarin, de l'enfer et du crime,
Il languit, il expire accablé sous tes coups !
Désormais ne crains plus : repose, vaine idole ;
Dieux de fer et de bois, calmez votre courroux ;
Non, vous n'entendrez plus la puissante parole
Qui vous a confondus.
Jean-Gabriel n'est plus !

Une autre voix.

Réjouis-toi, peuple, dans ton délire,
Sous tes coups redoublés a péri l'innocent.
Tu vois comme un chrétien sait voler au martyre,
Et pour le ciel affronter le tourment.

Une voix.

Le Dieu de l'innocence
Est le Dieu des combats ;
En son fidèle appui, pleine de confiance,
Elle brave les maux et sourit au trépas.
Son visage est riant au milieu des tortures,
Et son cœur outragé pardonne ses blessures.

Chœur.

O mille fois heureux et bienheureux,
L'homme innocent qui dans ses maux t'adore !
En dépit de la mort et des tourments affreux,
Il renaît, ô mon Dieu ! plus brillant que l'aurore.

Une voix.

Chœurs joyeux de Sion, un martyr glorieux
De ses bourreaux a su vaincre la rage ;
Il franchit les portes des cieux ;
Chantez, célébrez son courage.

Grand chœur.

Honneur, victoire à Gabriel !
De ses bourreaux il a vaincu la rage,
Chantons son triomphe immortel,
Chantons, célébrons son courage,
Et redisons son triomphe immortel !

Une voix.

Le chœur des bienheureux cède alors à l'ivresse,
Et des larmes d'amour trahissent leur tendresse ;
Et Vincent, souriant à Gabriel vainqueur,
Heureux d'un tel enfant, le présente au Seigneur :

Voix de Saint Vincent.

» Dieu qui couronnes l'innocence,
» Reçois au séjour du bonheur
» Ce doux enfant dont la puissance
» Brava l'enfer et sa fureur.
» Son cœur plus grand que l'immense univers,
» Vit sans frémir la tourmente des mers.
» Et l'infidèle à sa douce parole,
» D'un Dieu menteur brisant l'aveugle idole,
» Pour ta loi sainte abjura ses erreurs.
» Ange de paix, au sein de la souffrance,
» Partout sa voix consolait les douleurs.
» Mais contre lui ce peuple, en sa démence,
» Du sombre gouffre évoqua les fureurs.
» Dieu qui couronnes l'innocence,
» Reçois au séjour du bonheur
» Ce doux enfant dont la puissance
» Brava l'enfer et sa fureur ! »

Une voix.

L'Eternel, souriant à l'ange de la terre,
Versa sur le martyr des torrents de lumière ;

Et sa droite joignit sur le front rayonnant
De Jean-Gabriel triomphant
La couronne de l'innocence
Au symbole de la souffrance.

Grand chœur.

Honneur, victoire à Gabriel,
De ses bourreaux il a vaincu la rage :
Chantons, célébrons son courage,
Et redisons son triomphe immortel !

PRIÈRE *(chœur).*

Heureux martyr, du séjour de la gloire
Jette un regard sur la terre d'exil ;
Là des enfants redisent ta victoire :
De leur jeune âge éloigne le péril.
Là dans leur cœur, tes amis de la terre
Se plaisent à redire : « Il était notre frère ! »
O Gabriel, garde-nous ton amour ;
Veille sur nous de l'éternel séjour.
Un père à ses enfants te donne pour modèle :
Sois pour eux tous les jours, sois leur guide fidèle,
Verse en nos cœurs ta force et tes vertus,
Et conduis-nous dans les bras de Jésus !

Le souvenir du vénérable Perboyre, soigneusement entretenu par les gardiens de sa statue, les fils de Saint Vincent, ne pouvait manquer de rester vivace au cœur du clergé châlonnais.

Jean-Gabriel Perboyre avait désormais deux pays : Cahors, son lieu de naissance, Châlons, son lieu d'adoption, dont il avait pris possession par la première statue qui lui eût été élevée dans le monde.

Si jamais le Vénérable était placé sur les autels, Châlons avait des droits spéciaux à fêter le Bienheureux,

Le jour tant désiré approchait, un diacre du séminaire va nous dire comment il était impatiemment attendu de tous, maîtres et élèves, au Grand-Séminaire de Châlons.

L'ATTENTE DE LA BÉATIFICATION

A CHALONS.

Il y a près de deux ans, c'était pendant une de nos promenades d'été, M. le Supérieur, dans une causerie intime, s'entretenait avec quelques-uns d'entre nous du Vénérable Jean-Gabriel Perboyre. « La cause de la béatification, nous » disait-il, fait à Rome des progrès rapides. »

L'un de nous hasarda une question : « Le jour où le Saint-» Père aura parlé, ne ferons-nous pas une fête au Sémi-» naire ? » — « Je l'espère, » nous répondit M. le Supérieur.

Dans cette espérance, nous avions vu une promesse. Depuis lors, nous étions attentifs à chaque écho venant de la Ville éternelle. Toujours il nous semblait voir arriver le décret qui nous permettrait de rendre un culte solennel au martyr que nous aimions.

Aux jours de congé, la statue de Jean-Gabriel, érigée à Fontenay par Mgr de Prilly, retraçait à nos yeux sa modestie et ses souffrances. Sa vue développait dans nos cœurs des sentiments d'amour et de vénération. Aussi ce fut parmi nous un immense cri de joie lorsqu'on nous lut, au mois de novembre 1888, le décret déclarant solennellement *« qu'il conste du martyre et de la cause du martyre du vénérable serviteur de Dieu, Gabriel Perboyre, marqué et confirmé de Dieu par plusieurs signes et miracles. »*

Mais la cour de Rome a de sages lenteurs ; malgré notre impatience, nous devions nous y soumettre.

Il fallait un second décret constatant que *« la preuve étant faite du martyre et de la cause du martyre que Dieu a glorifié et confirmé par plusieurs signes et miracles, on pouvait sûrement procéder à la béatification solennelle du vénérable serviteur de Dieu. »*

Il nous fut lu en juin 1889. Les délais observés en pareille circonstance nous faisaient craindre encore une assez longue attente avant la béatification. La Providence nous favorisa : les mois d'octobre et de novembre allaient voir affluer à Rome des milliers de pèlerins : des milliers d'ouvriers français devaient se succéder pendant plusieurs semaines sous les voûtes de Saint-Pierre et dans le palais du Vatican. Cédant aux prières des généreux promoteurs de cette belle entreprise, Léon XIII voulut bien faire coïncider la glorification du martyr français avec la présence de ses compatriotes au tombeau des S. S. Apôtres.

Le dimanche 10 novembre, tout était prêt : les pèlerins français, réunis dans la grande salle des béatifications, entendaient une glorieuse page de notre histoire religieuse et nationale. Bientôt après, pendant le *Te Deum* d'actions de grâces, toutes les cloches de Rome chantaient à leur manière par leurs joyeux carillons la gloire du martyr triomphant.

Mais des fêtes de Rome et de celles de Paris qui les suivirent de près, nous n'avons rien à dire ici, sinon que le récit qui nous en était fait par nos directeurs nous transportait d'enthousiasme.

Les mêmes solennités devaient se renouveler dans tous les lieux où avait vécu le Bienheureux, dans tous les séminaires et maisons des prêtres de la mission.

Notre zèle alors s'enflamme, chacun promet son concours, chacun rêve les plus beaux projets, et tous s'écrient : « Les » fêtes de Paris ont été splendides ; celles de Cahors, patrie » du Bienheureux, celles de Montdidier, Saint-Flour, qui le » virent professeur, seront sans doute bien belles. Mais Châlons, qui lui érigea la première statue, Châlons, dont le clergé doit tant aux membres de sa famille, aux fils de saint Vincent, Châlons peut-il rester en arrière? Lui reprochera-t-on d'avoir, dans une sainte ambition, caressé ce vœu du poëte :

Non jam prima peto, neque vincere certo.
Quanquam o!...

LES PRÉPARATIFS.

Il fallait voir le Séminaire dans les premiers mois de cette année : pendant les récréations, cours désertes, corridors des plus animés, salles remplies de nombreux et infatigables travailleurs.

Nous laissons encore la parole à notre diacre, il dit bien, il travaillait mieux encore : on sent, à sa manière de dire, un ouvrier qui n'était pas des derniers à la besogne.

Voici son récit des préparatifs de la fête :

Octobre avait amené parmi nous un directeur dans lequel nous trouvions le plus habile organisateur. Sous son intelligente impulsion et avec l'aide de tous nos directeurs qui connaissent la vérité de cette parole souvent répétée : *Verba movent, exempla trahunt*, plusieurs salles du Séminaire se transforment en ateliers artistiques où tous s'empressent d'accourir.

Chacun de nous est fier de joindre aux efforts des autres ses propres efforts. Et tel qui la veille croyait ne pouvoir tendre au-delà de la dialectique et des arguments de l'école, le lendemain s'éveillait tout surpris de son art et de son talent.

Ici, les plus habiles peignent tableaux, chiffres, écussons ; là, le canif découpe sur les transparents les dessins qu'une main habile a tracés, tandis qu'à côté taillent les ciseaux ; plus loin, on prépare oriflammes et guirlandes ; ailleurs encore, dans le coin le plus reculé du Séminaire, on entend frapper le marteau et grincer la scie : les moins ardents seraient entraînés.

Malgré cette activité, la paix conserve son empire, les études suivent leur cours, classes et mercuriales sont toujours sues, on ne néglige rien.

Nos récréations seules sont prises en partie et nous fournissent un temps que le Bienheureux saura nous rendre.

Les derniers jours toutefois sont plus agités et plus bruyants. C'est qu'il nous faut tout orner, corridor et réfectoire, salle des exercices, chapelle, cour d'honneur, et les décorations ne sont pas faciles dans ce vieux bâtiment dont il faut à tout prix cacher les misères.

La veille, le temps semble s'obscurcir. On nous annonce une dépression inquiétante de la colonne barométrique. L'après-midi, pluie fine : que sera-ce demain ?... Notre entrain n'est pas arrêté ; nous espérons même contre toute espérance. Nous avons tant prié le Bienheureux !

LES FÊTES DU TRIDUUM

Premier jour.

La prière des séminaristes a été exaucée : le soleil s'est levé radieux, tout fait espérer une belle journée.

Dès le matin, les pèlerins envahissent la maison. Comme tous les saints, le B. Perboyre, dur à lui-même, n'a pour les autres que de l'indulgence : pendant le Triduum, il est supérieur du Séminaire ; la règle en ferme les portes aux étrangers, lui, les ouvre toutes grandes.

Pèlerin nous-même, nous entrons tout joyeux dans notre vieux Séminaire ; c'est un passé qui revit, cinq bonnes années qu'on aime toujours à se rappeler.

Il est aujourd'hui méconnaissable : des mains habiles lui ont donné un air de fête dont on ne pouvait le croire susceptible.

Honneur à l'inspirateur de toutes ces décorations, félicitations les plus sincères aux ouvriers. Le secret de toutes ces merveilles de patience, de dévouement, est dans l'amour ; on sent que tous ces artistes ont travaillé pour un frère, pour un père.

Il est facile d'admirer un tableau ; en décrire les différentes parties, traduire ses impressions, est chose plus périlleuse.

Un séminariste a osé affronter la difficulté. La jeunesse a toutes les audaces !

Elle a toujours foi dans l'affirmation du poète :

Audaces fortuna juvat.

Peut-être trouverez-vous superflus quelques détails, mais n'oubliez pas qu'il n'y a rien de secondaire dans un discours pour un orateur épris de son sujet, non plus que dans un tableau pour l'artiste qui a travaillé au chef-d'œuvre.

DÉCORATIONS

COUR D'HONNEUR.

La porte de la cour d'honneur donnant sur la rue de Jessaint, durant ces trois jours de solennité, rompt avec la tradition qui longtemps ne la vit point rouler sur ses gonds : elle s'ouvre à deux battants, pour introduire les dévots pèlerins du Triduum.

Ici commence la fête.

A nos efforts, le printemps a joint ses présents : un tapis de verdure, des arbres en fleurs, un ciel doux et propice.

Comme pour annoncer au loin l'heureuse nouvelle, des mâts aux couleurs rouge et blanche, vont porter dans les airs leurs grandes oriflammes rouges. Une longue guirlande de verdure court de l'un à l'autre, parsemée de roses de toutes les nuances. Les cartouches de notre bonne vieille cour, dont tous admirent la gracieuse architecture, deviennent autant d'écussons aux brillantes couleurs : on y lit les initiales du héros de la fête, mais on n'a oublié ni la Vierge Marie, ni saint Joseph, ni saint Vincent, son père dans la vie religieuse. Un magnifique arc de triomphe montre aux fidèles le chemin de la chapelle : les cercles de verdure s'y balancent suspendus aux guirlandes de pin, et les guirlandes de sapin portent d'un mât à l'autre ces roses épanouies qu'envie le printemps étonné.

Tout dans cette cour nous rappelle au souvenir du Bienheureux : l'arc de triomphe avertit qu'un vainqueur est passé, les cartouches prononcent son nom, les oriflammes retracent sa vie, sa passion, sa mort et son triomphe. Que la brise cesse un instant de gonfler et d'agiter ces banderoles : ici, en lettres d'or, de nombreux textes, cueillis dans les Livres Saints, répètent sa tentation, ses tourments, la croix, la gloire de son tombeau. Là, de symboliques dessins : croix, fleurs de lis, couronnes. Là, ces trois mots si connus du clergé châlonnais : *Gallia genuit, Sina peremit, cœlum coronat*. Là enfin, cet autre mot que Mgr de Prilly du haut du ciel ajoute avec nous : *Roma beatificat.*

Et pour couronner, pour résumer cet ensemble, le Bienheureux lui-même nous apparaît. A l'extrémité de la cour, encadré de verdure et d'oriflammes, un grand tableau attire tous les regards : dans le lointain se dresse une ville ; à ses murs, à ses pagodes, on reconnaît une ville de la Chine. Comme autrefois l'ingrate Jérusalem conduisit au Golgotha Jésus de Nazareth, la cité du Céleste-Empire vient de faire un martyr. Jean-Gabriel est là, sur une croix, les mains et les pieds liés et la corde au cou ; il baisse doucement la tête. A terre, des instruments de supplice, la chaîne, le marteau, l'inscription de la condamnation. Dans le ciel, brille la croix lumineuse aperçue, après la mort du Bienheureux, d'un grand nombre de Chinois, chrétiens et païens. L'auteur, disons l'artiste, n'est pas loin : il se cache dans nos rangs. Aux leçons des maîtres de l'art, le cœur a suppléé, le cœur seul a guidé son pinceau.

CORRIDORS.

Montons les degrés qui conduisent à la chapelle. Sur une draperie rouge semée d'étoiles d'or, deux tableaux apparaissent : ici, le martyr, les yeux baissés, un crucifix entre les mains, se livre à la prière ; là, il expire sur la croix.

Mais reprenons de plus loin les détails des corridors. Près de la porte que nos vieilles chartes surnomment la Grille, on aperçoit, dans une suite de tableaux, la maison paternelle de Jean-Gabriel, castel plusieurs fois séculaire, la charmante église de Mongesty, sa paroisse, et, près de la description de ses reliques, l'austère prison chinoise, où son attitude imposante, les reflets de sa sainteté semblent fasciner les scélérats qui l'entourent.

Alors, ô magnifique spectacle, tandis que l'œil s'attarde à suivre les élégantes guirlandes blanches et rouges, qu'il voit grimper aux rampes de l'escalier comme pour aller porter la fête au plus haut de la maison, le corridor apparaît dans toute sa beauté. S'élançant de deux grandes draperies d'un rouge écarlate, les festons jaunes et verts sillonnent, d'une extrémité à l'autre, le plafond de leurs joyeuses spirales, entremêlent leurs chaînes et leurs couleurs. Une longue étoffe aux franges d'or semble leur indiquer la voie.

Ici, les rouges oriflammes, aux bordures variées, semées d'étoiles et de fleurs de lis de toutes nuances, entrecroisent leurs palmes dorées ; là, des écussons aux fraîches peintures redisent une fois encore le nom, la vie, la passion du Bienheureux.

En face, le long des fenêtres, une suite de transparents attire tous les regards. Eclairés par les rayons du soleil, ces dessins si délicats, ces couleurs si vives et si bien assorties, ces symboles si éloquents retracent les faits principaux de la vie du glorieux martyr.

Ici, d'une superbe corbeille de fleurs qu'une main habile et patiente, cueillant à tous les parterres, a su réunir en un gracieux faisceau, s'élève un lis éclatant de blancheur : Jean-Gabriel est né, et sa naissance déjà fait la joie d'un grand nombre : *Multi in nativitate ejus gaudebunt.*

Autre tableau, autres symboles. Le premier plan rappelle la faute d'Adam réparée : un fruit, un serpent, c'est la mort qui pénètre dans le monde ; une croix les surmonte, c'est le salut du genre humain ; du Cœur Sacré de Jésus immolé, s'échappe une source de grâces, et la première est la grâce du Baptême. Le second plan représente le baptême de Jean-Gabriel. Au-dessus du baptistère voltige la blanche colombe, figure de l'Esprit-Saint : *Vos baptizabit in Spiritu Sancto et igne.* Il vous baptisera dans l'Esprit Saint et le feu.

Là, un cep de vigne encadre le tableau de ses grappes aux raisins vermeils, une gerbe de blé offre à l'autel ses épis dorés : pour la première fois, le nouveau prêtre élève le calice et la blanche hostie. A Dieu soit tout honneur et toute gloire. *Omnis honor et gloria.*

Plus loin, le noviciat, les saints vœux. Un ermitage solitaire, une grotte creusée dans le roc, et, pour tout ornement, le crucifix et la tête de mort, le sablier, le cilice, et la gourde du pèlerin : le Bienheureux, dans la solitude et le silence, se prépare à la vie religieuse : *In silentio et quiete proficit anima devota*. Les vœux couronnent le noviciat : la pauvreté, l'obéissance ont leurs symboles, le zèle a ses flammes, la chasteté son lis.

Vient ensuite la vocation à la Chine. Le fils de saint Vincent n'a qu'un désir, aller mourir chez les infidèles : deux textes montrent les phases de ce désir. Comme autrefois au Messie, le Père Eternel lui parle : *Postula a me, et dabo tibi gentes*. « Demandez-moi, et je vous donnerai les nations. » Dieu, ses supérieurs consentent à son départ : *Desiderium animæ ejus tribuisti ei, Domine*. « Seigneur, vous avez fait selon le désir de son cœur. »

Et déjà, sur un autre tableau, apparaît le navire : l'*Edmond* fend les ondes verdâtres de l'Océan, fier de porter à son mât le drapeau de la France. L'Etoile du matin guide les voyageurs, les sauve du naufrage. Dieu sourit à la traversée et les mène heureusement au port : « *Deduxit eos in portum voluntatis eorum*. »

Plus loin, nouveau mystère. Au milieu des épines, un cœur, en butte aux attaques d'un serpent : c'est le cœur du missionnaire, déchiré par les épines de la tentation que lui souffle le serpent infernal. Mais tandis qu'il se croit condamné à l'enfer, la croix lui apparaît, accostée d'une ancre et des signes de l'amour : le Bienheureux, à la vue de la croix qui l'a sauvé, renaît à l'espérance, et l'amour reprend son paisible empire.

A quelques pas de là, c'est la trahison : dans un bois de bambous, non loin de la petite église des chrétiens, deux mains se croisent ; l'une tend une bourse, l'autre des chaînes. Le néophyte parjure dit au soldat du mandarin : « Que me donnes-tu, et je te le livre ? *Quid vultis mihi dare, et ego vobis eum tradam ?* » Le soldat présente les trente pièces d'argent, le néophyte offre les chaînes et livre la liberté de son maître.

La série des transparents se continue dans la salle des exercices : elle-même imite l'ornementation du corridor, on y retrouve mêmes oriflammes, semblables guirlandes. De ces bancs où, les jours précédents encore, nous écoutions avec tant de plaisir et d'attrait le récit de la vie du martyr, nous sommes heureux de voir se dérouler sous nos yeux ces pages édifiantes.

Ici, dans un décor qui résume toutes les beautés de l'architecture du XIIIe siècle, avec ses colonnettes élancées, ses crochets tournés vers la terre, ses chapiteaux à la végétation brillante, on voit énumérées les dévotions du Bienheureux. L'ogive encadre une croix, cette croix devant laquelle il passait de longues heures agenouillé, les yeux baignés de larmes, méditant et priant. Plus bas, le tabernacle avec le ciboire; et, entre les chiffres de saint Joseph et de saint Vincent, le Rosaire, qui rappelle sa piété envers Marie; l'Evangile enfin, le Bréviaire, le livre des Constitutions, dignes objets de vénération pour un chrétien, un prêtre, un religieux.

Quelques pas plus loin, un autre transparent offre aux regards les tourments du Martyr. C'est la prison, ce sont les instruments de supplice, que le Chinois accumule comme à l'envi sur la tête du missionnaire; auprès des armes du mandarin, les soufflets, la cangue, les carcans, les chaînes de fer, les cordes, le bois de bambou : rien n'est oublié. De cet appareil affreux sortent deux palmes surmontées d'une couronne, pour figurer la victoire du martyr triomphant des tourments.

Un troisième tableau représente le martyre : Jean-Gabriel étranglé sur une croix rend à Dieu son dernier soupir. Au bas du tableau, deux mots éloquents résument et la mort et la vie tout entière du héros chrétien : *Alter Christus*, « il fut un autre Christ. »

A cet ensemble se rattachent deux autres transparents : l'un rappelant S. S. Léon XIII et la date à jamais mémorable du 10 novembre 1889; l'autre, S. G. Mgr Sourrieu, et le 17 avril 1890.

Là s'arrête l'ornementation du corridor, et déjà une inscription en lettres d'or rappelle l'approche de la chapelle : Hic domus Dei est, et porta cœli : c'est ici la maison de Dieu et la porte du ciel.

LA CHAPELLE.

Ici, on pouvait être plus sobre de décorations ; notre chapelle, depuis sa gracieuse restauration, n'est plus celle qu'ont connue nos aînés.

D'élégantes oriflammes rouges et des écussons aux charmants faisceaux de palmes redisent les dates mémorables de la glorieuse vie du martyr, ses devises, ses combats, son triomphe : « Il est venu, non pour combattre vivant, mais pour triompher par la mort. *Non venit ut pugnet vivus, venit ut triumphet occisus.* » — « Dieu est descendu avec lui dans la prison, il a glorifié son martyr. *Descendit cum illo in foveam, Deus martyrem suum mirificavit.* »

La statue du généreux confesseur de la foi est placée à l'entrée sur un autel : du milieu des fleurs et des lumières, il apparait sur la croix. Sous le nœud fatal qui l'étreint, il expire, les bras comme entrelacés autour du bois de son supplice, les pieds repliés en arrière : on dirait que ses bourreaux ont voulu le faire mourir à genoux. Ses traits respirent encore cette modestie dont toute sa vie il fut le disciple ; sur son visage, pas de trouble, mais le calme, la sérénité de l'homme qui meurt pour Dieu et son devoir ; il penche doucement la tête, comme pour donner à ses bourreaux un dernier pardon :

Mais écoutez sa dernière prière.
Sublime écho de la voix de Jésus :
« A mes bourreaux, pardonnez, ô mon Père.
» De mes bourreaux faites autant d'élus. »

Le tableau des souffrances appelle celui du triomphe : il est là au fond de la chapelle, au-dessus du maître autel, caché par un voile qui ne doit disparaître qu'après la lecture du décret de béatification.

LE MATIN.

PÈLERINAGES PARTICULIERS.

La série des pèlerinages commence. La chapelle du Séminaire n'est pas assez grande pour pouvoir donner satisfaction à tous les Châlonnais désireux de vénérer les reliques du bienheureux martyr; il a fallu assigner des heures spéciales aux différentes paroisses et associations de la ville.

Dans une grande église, les fêtes eussent été sans doute plus imposantes, mais elles n'auraient pas eu cette intimité qui en faisait l'un des plus doux charmes, on n'y aurait pas vu cette vraie piété qui en a été le caractère spécial. Personne n'avait pu prévoir que le nom seul du martyr remuerait aussi profondément une ville qui jusqu'alors le connaissait peu, personne n'avait osé espérer cette affluence de pèlerins que nous avons vue pendant trois jours. Mais eût-on même prévu un tel concours de peuple, il ne fallait pas pour cela quitter le séminaire. Le séminaire n'était-il pas comme la maison du Bienheureux? Et les séminaristes, toujours là pour animer de leurs chants toutes les cérémonies, ne devaient-ils pas plus que partout ailleurs réussir à communiquer à la foule cet enthousiasme qui a gagné jusqu'aux plus indifférents? Le séminaire était le cadre tout naturel de ces fêtes en l'honneur du glorieux fils de saint Vincent de Paul.

La première messe est pour les Sœurs de charité et les élèves du séminaire, auxquels nous voyons joints les Fréres des Ecoles chrétiennes. Le premier pèlerinage devait être pour les membres de la famille du Bienheureux et ceux qui y tiennent de plus près.

Le Saint Sacrifice est offert par l'un des prêtres les plus distingués de la congrégation de la Mission, M. Chinchon, originaire de notre diocèse, et assistant du supérieur général pour la maison-mère de Paris.

Dans l'assistance, c'est le plus profond recueillement.

Le prêtre vient de monter à l'autel. Il lit les paroles de l'*Introït* : « Vous m'avez protégé, Seigneur, contre l'assemblée des méchants. Alleluia. Vous m'avez délivré de la multitude des pécheurs. Alleluia. »

C'est le cri d'actions de grâces du Bienheureux franchissant les derniers degrés du séjour de la gloire.

Alors retentit le refrain d'un cantique entraînant que tous aujourd'hui pourraient répéter :

Triomphe, amour, honneur et gloire
Au bienheureux Jean-Gabriel,
Et pour célébrer sa mémoire
Exaltons-le jusques au ciel.

Une voix de séminariste, une belle voix qui excelle à se faire suppliante, continue et chante les couplets :

O saint martyr, etc.

Après l'élévation, tous les séminaristes, dans un parfait ensemble, exécutent avec beaucoup d'âme le chant d'un *Panis angelicus*.

Puis vient le moment solennel de la communion. La voix qui tout à l'heure chantait les louanges du Bienheureux s'unit à une autre voix ample et sonore, et toutes deux font entendre le cantique de Mgr de La Bouillerie, *l'Ange et l'âme*, que tous connaissent et que tous écoutent avec un ravissement toujours nouveau.

On sentait dans toutes les âmes un grand courant de ferveur. On vit bien de quelle émotion les cœurs étaient remplis quand éclata le cantique d'actions de grâces. Le *Magnificat* de la Sainte Vierge est bien le cri naturel de l'âme reconnaissante !

Ces pèlerins privilégiés de la première heure semblaient ne pas vouloir quitter la chapelle où ils se trouvaient si bien, mais il fallait laisser la place à d'autres qui aspiraient à jouir du même bonheur.

A sept heures, la chapelle était de nouveau remplie : c'était le premier pèlerinage paroissial, conduit par M. le chanoine Lucot, curé-archiprêtre de la cathédrale. Même recueillement qu'à la première messe; mêmes chants exécutés avec le même entrain par un chœur de séminaristes. Les communions sont nombreuses.

On sent déjà que la vraie piété sera le caractère dominant des fêtes du *Triduum*. On est loin toutefois de soupçonner les surprises des jours suivants.

MESSE PONTIFICALE.

Cette belle matinée n'était qu'un prélude. Voici l'heure de la grande cérémonie. Un nombreux cortège sort de la chapelle pour aller chercher au salon Mgr l'Evêque qui a voulu ajouter à l'éclat de ces fêtes la beauté d'un office pontifical.

La chapelle, déjà trop petite pour la foule, est littéralement envahie à l'arrivée de la procession. Tout le diocèse est ici magnifiquement représenté; c'est un spectacle imposant : lévites, jeunes prêtres, dignitaires, archiprêtres, chanoines en dalmatique et en chape font cortège à l'auguste Prélat qui s'avance revêtu de ses ornements pontificaux et dans toute la pompe des plus grandes cérémonies.

L'Eglise croit toujours faire trop peu pour la glorification de ses saints. A Rome, une cérémonie de béatification tient du merveilleux. Nous devions en avoir à Châlons une image affaiblie, mais pourtant bien fidèle.

D'abord la lecture du décret de béatification est faite par M. l'abbé Huot de Saint-Albin, curé de Notre-Dame-en-Vaux. C'est le plus beau panégyrique qu'on puisse faire du Bienheureux dans le style ample et sobre dont l'Eglise a le secret. Toute l'assemblée est suspendue dans le ravissement, elle est frémissante d'émotion au récit des souffrances du Martyr. Le B. Perboyre a été tout spécialement prédestiné à devenir une *copie* du Christ souffrant, mort pour les hommes; parmi les saints les plus extraordinaires, il aura encore une place à part.

Le Pape a parlé, le Bienheureux peut apparaître : aussitôt tombe le voile qui recouvrait son image ; c'est l'apothéose du martyr. Le saint a dépouillé les habits chinois qu'il laisse sur la terre, il monte au ciel avec les habits religieux de sa congrégation ; des anges le suivent avec les instruments de son martyre, une croix, des chaînes ; d'autres le précèdent avec des palmes comme pour acclamer sa victoire. Voici saint Vincent accouru au-devant de son glorieux fils, puis Notre-Seigneur, jaloux de présenter lui-même au Père Eternel ce soldat qui a combattu le bon combat.

A la vue de ce tableau, l'âme est fortement saisie. C'est bien le même saint que nous avons vu sur la croix, mais il n'y a plus trace de plaies ; son visage, tout à l'heure résigné, est maintenant radieux : hier, c'était la lutte, la souffrance, aujourd'hui le triomphe, la joie, la gloire. C'est vous, mon Dieu, qui avez fait ce prodige, à vous donc nos cantiques d'actions de grâces. Mgr l'Evêque entonne le *Te Deum*, toute l'assemblée le continue avec un saint enthousiasme ; et pour bénir le Seigneur, le ciel même s'unit à la terre, les apôtres et les prophètes et la blanche armée des martyrs : *Te martyrum candidatus laudat exercitus*, et parmi ces martyrs le B. Jean-Gabriel : on ne pense qu'à lui, chacun disant tout bas : c'était un ange dans un corps mortel.

L'ange a déjà pris son vol vers le ciel, mais il a laissé son corps à ses frères de la terre. Précédés d'acolytes et de céroféraires, deux diacres en dalmatiques apportent sur un riche brancard une magnifique châsse contenant des reliques du Bienheureux. L'émotion est alors à son comble et personne ne cherchant à s'en défendre, bien des yeux se mouillent de douces larmes. Monseigneur descend de son trône pour vénérer les ossements du glorieux martyr : il les encense trois fois, et reste longtemps les yeux fixés sur ces reliques dans l'attitude de la prière la plus intime : c'est que le chant d'actions de grâces est devenu une supplication : *Te ergo quæsumus, Domine, tuis famulis subveni.... Salvum fac populum tuum. Fiat misericordia tua, Domine, super nos...* Fortifiés par cette prière, fidèles, prêtres et évêque, tous jettent au ciel un cri d'espérance : *In te, Domine, speravi, non confundar in æternum.*

Une voix plus hardie fait entendre une invocation jusqu'alors inconnue parmi nous : *Ora pro nobis, beate Joannes Gabriel*, toutes les autres lui répondent : *Ut digni efficiamur promissionibus Christi.* Monseigneur, au nom de tous, récite l'oraison propre du nouveau Bienheureux, si profonde et si belle dans son laconisme : « Seigneur Jésus-Christ, vous à » qui votre bienheureux martyr Jean-Gabriel doit l'éclat » que lui ont acquis, au milieu du peuple chinois, l'inno» cence de sa vie, ses travaux apostoliques et sa merveil» leuse participation à votre croix, accordez-nous, nous » vous en supplions, d'imiter les exemples de foi, de cha» rité et de patience qu'il nous a donnés, et par là, de » mériter d'être associés à sa gloire. »

C'est l'oraison de la messe qui va être célébrée en l'honneur du Bienheureux.

Pendant que Monseigneur se prépare au trône, le chœur des séminaristes fait entendre avec un merveilleux entrain le cantique du triomphe du Bienheureux :

Triomphe, amour, honneur et gloire.

D'autres surprises nous sont encore réservées. Les musiciens n'ont pas voulu le céder aux artistes décorateurs, aux peintres, aux poètes. Ils n'ont pas reculé devant la messe de Mozart, cette messe qu'un chrétien a si bien sentie, qu'un artiste a si bien exprimée.

Nous n'essaierons pas de rendre les impressions que l'on ressent à l'audition de cette œuvre du grand maître : il y a de ces jouissances que l'âme goûte mieux que la plume ne saurait jamais le dire.

On n'analyse pas la belle prière du *Kyrie*, où tantôt ce sont les accents presque éteints d'une âme qui prie, tantôt les éclats de la ferveur, de la supplication.

On n'a qu'un mot pour le *Gloria :* il est admirable. Le début surtout, empreint de la majesté d'une marche triomphale, et ce doux concert où les voix graves de la terre se mêlent aux notes élevées des voix enfantines pour répéter l'hymne céleste de la nuit de Noël. Et encore, quoi de plus touchant que la prière du *Qui tollis?* et rien de plus entraînant que ce *Cum sancto*, où, l'une après l'autre, toutes les voix accourent, s'unissent, se séparent bientôt et se confondent enfin dans un dernier effort, pour répéter avec la plus grande énergie l'*Amen*, qui se termine dans les cieux.

Tous ces chants, auxquels vient s'ajouter encore le *Sanctus* avec ses nobles accents de l'adoration, et la marche précipitée de l'*Hosanna*, remuent profondément l'âme du chrétien. Pénétré de la grandeur, de la sainteté de Dieu, il sent le besoin de se purifier : il se fait suppliant dans l'*Agnus Dei*, et avec quels accents !

Pour l'exécution de cette messe, les séminaristes avaient eu le bonheur de réunir les éléments les plus nécessaires à la réussite : un chef de chœur, un soliste, un organiste et de belles voix d'enfants. Ces enfants, on les avait trouvés dans les écoles ; le chef de chœur, M. Masson, curé de Vauclerc, était venu avec joie reprendre ses fonctions d'autrefois ; le soliste, M. l'abbé Jolly, vicaire à Sainte Ménehould, à peine sorti du séminaire, y était revenu volontiers pour donner le secours de sa voix, qui, par sa puissance et son étendue, pouvait suffire à tout ; l'organiste, il n'était pas besoin de le chercher loin, celui du séminaire était à la hauteur de la difficulté. C'est l'appréciation d'un maître de l'art, qui, au sortir de la messe, disait que « l'exécution avait été par» faite et qu'il ne savait lequel méritait le mieux ses félicita» tions, du chef de chœur, du soliste ou de l'organiste. »

Nous sommes heureux de consigner ici ce jugement porté sur les maîtres et les exécutants : « Ils ont été à la peine, il est juste qu'ils soient à l'honneur. »

Après la messe, le cortége reconduisit Monseigneur au salon dans le même ordre qu'à l'arrivée, et bientôt la foule, longtemps contenue, se répandant dans la cour et les corridors pour mieux jouir de la vue des décorations, donnait à toute la maison une animation extraordinaire et ajoutait encore à ses airs de fête.

A midi, la porte du réfectoire était grande ouverte, comme le cœur des Fils de saint Vincent, toujours si hospitaliers à leurs frères du clergé : à la table présidée par Monseigneur l'Evêque, on voyait réunis tous les dignitaires du clergé et les prêtres de la ville.

Le lendemain, ce devait être le tour des jeunes prêtres, et le surlendemain celui des anciens, contemporains des fêtes de 1845. M. le Supérieur voulait que tout le clergé du diocèse prît ainsi part aux fêtes du *Triduum*.

VÊPRES PONTIFICALES.

La fête de l'après-midi devait bien répondre à celle du matin : même solennité, même affluence, même piété, l'âme devait y goûter d'aussi pures jouissances.

Depuis le matin, les fidèles priaient avec grande ferveur le Bienheureux Perboyre, mais sans connaître assez son admirable vie : il était nécessaire qu'une voix s'élevât au milieu de la foule pour célébrer les vertus et les travaux apostoliques de ce héros de la foi. Cette mission avait été confiée à M. le chanoine Lucot, archiprêtre de la Cathédrale. On ne pouvait faire un choix plus judicieux. Avec son talent d'écrivain et son goût particulier pour les œuvres d'érudition, M. le chanoine Lucot devait donner sur le B. Perboyre un beau travail : ce travail fut parfait. Pendant plus d'une heure, l'orateur captiva son auditoire sans que l'attention faiblît, sans que l'intérêt se démentît un seul instant. Pour ceux mêmes qui connaissaient déjà la vie du Bienheureux, c'était une véritable fête.

Sans doute, il faudrait donner *in extenso* ce magnifique travail, mais le cadre de ce modeste compte-rendu ne nous permet pas de le faire ; nous citerons du moins les passages qui nous ont paru les plus féconds en enseignements pratiques pour le clergé et les fidèles, résumant le reste en une courte analyse, intercalée dans le texte que l'on va lire.

Discours de M. l'abbé Lucot,
Archiprêtre de la Cathédrale.

Quos præscivit, et prædestinavit conformes fieri imaginis Filii sui.

Ceux que Dieu a connus dans sa prescience, il les a aussi prédestinés pour être conformes à l'image de son divin Fils.

Rom ch. VIII, v. 29.

« Monseigneur,

» Messieurs,

» Quelle est donc cette science dont nous parle ici l'apôtre des nations ? Est-ce que Dieu ne connaîtrait point les êtres sortis de ses mains ? Un seul pourrait-il lui rester étranger ? Non, évidemment. Mais la connaissance en Dieu diversifie ses effets selon la nature des créatures qui en sont l'objet.

» Autre pour lui la connaissance des êtres sans intelligence, quoiqu'animés, dont il a peuplé, comme en se jouant, l'univers, autre la connaissance de ces êtres où il a imprimé ses traits, et qu'il a façonnés avec un singulier amour, parce qu'il les marquait pour les plus hautes destinées. Mais, parmi ces derniers, combien diffèrent pour Dieu ceux qui répondent à ses paternelles avances, et ceux qui les méprisent ! S'il connaît ceux-ci, c'est pour les menacer et pour les punir ; mais sur ceux-là reposent ses tendresses, il leur promet ses bénédictions, il leur donne ses récompenses. Il les connaît d'une connaissance pleine d'amour, de l'éternelle connaissance dont il connaît les siens : *Scio quos elegerim...*

Firmum fundamentum Dei stat, habens signaculum hoc : Cognovit Dominus qui sunt ejus. « Au frontispice de son Eglise, Dieu, dit saint Paul, a marqué ce signe indélébile : le Seigneur connaît ceux qui sont à lui (1). »

» C'est ainsi que le bon Pasteur connaît ses brebis fidèles : *Ego cognosco oves meas*. Il voit leur merveilleuse correspondance à ses innombrables tendresses, il connaît leur amour, leur dévouement, leurs sacrifices : *Et cognoscunt me meæ* (2). Dieu se complaît en elles et s'y reconnaît ; il y voit, comme dans un miroir fidèle, tous les traits de son Fils, l'objet de ses éternelles complaisances, et, « dans cette connaissance de Dieu est, selon le mot de Bossuet, la véritable bénédiction. »

» Tel est, Messieurs, tout le secret de la gloire et du bonheur du saint martyr, dont nous célébrons en ces jours le triomphe. Nul saint, à mon avis, et c'est l'incomparable honneur de saint Vincent qui l'a formé et de la famille religieuse à laquelle il appartient, nul saint, dis-je, n'a été plus tendrement connu de Dieu, car nul n'a plus complètement reproduit Jésus-Christ en lui.

» Jean-Gabriel Perboyre a fait revivre le Sauveur dans sa vie cachée, dans sa vie publique ; il l'a peint, avec une vérité saisissante, jusque dans sa passion. Le Christ a été un sceau sur son front, sur son cœur, sur son bras, comme il le demande à toute âme chrétienne, et, selon le vœu de saint Ambroise, toute l'image du Christ a resplendi dans notre bienheureux : *Tota ejus species exprimatur in nobis* (3). Le Saint-Père n'a pas manqué d'insister sur cette ressemblance dans le décret de la béatification du glorieux martyr.

» Aussi, le jour où il l'a fait célébrer à Rome, le 10 novembre dernier, dans la longue salle de la Loggia, où nous eûmes en 1881 le bonheur d'assister à la canonisation de saint Benoît-Joseph Labre, l'inscription en lettres d'or, qui enveloppait la frise de la salle, proclamait-elle, avec les

(1) Evang. S. Jean, ch. XIII, v. 18. — 2e Epître à Timothée, ch. II.
(2) Ev. S. Jean, ch. X.
(3) S. Ambros., *Liber de Isaac et animâ*.

paroles de mon texte, le meilleur des titres du Bienheureux aux honneurs des autels : *Conformes imaginis Filii Dei.*

» C'est ce caractère particulier de ressemblance avec Notre-Seigneur que je voudrais établir dans ce discours. La vie cachée du Sauveur, sa vie publique et sa passion vont vous apparaître dans les phases successives de la sainte carrière de notre Bienheureux.

» L'intérêt du récit et son authenticité ont leurs garants dans les témoins de sa vie que je fais parler, dans la correspondance pleine de charmes du saint martyr où j'ai largement puisé.

» Vous êtes venu, Monseigneur, rehausser par votre présence cette solennité, et lui donner ainsi un suprême éclat. Votre présence est à la fois un hommage de vénération au saint martyr, un témoignage d'affectueuse sympathie pour les fils de saint Vincent qui sont ses frères. En offrant ce matin avec toute la pompe des plus grandes fêtes l'adorable sacrifice de nos autels, ici même, devant ses reliques, vous avez surtout voulu nous enseigner à quel foyer s'était embrasé le cœur du B. Perboyre. Vous nous avez rappelé que le cœur de Jésus avait été pour lui, comme il doit l'être pour nous, le modèle et la source de tous les sacrifices.

I

« Jésus-Christ Notre-Seigneur, et dans l'éternité et dans » le temps, a écrit un grand ami de saint Vincent de Paul, » est l'image de son Père ; il exprime, et comme Dieu et » comme homme, ses attributs, et il est le seul qui lui res- » semble. Ainsi, pour rentrer dans notre première condition » d'image de Dieu, il faut que nous soyons revêtus de Jésus- » Christ, que nous soyons parfaitement conformes à cette » divine image, par conséquent, intérieurement et extérieu- » rement, comme Jésus-Christ, morts à nous et vivants à » Dieu, *mortuos peccato, viventes autem Deo,* et cela en » Jésus-Christ, *in Christo Jesu Domino nostro* (1). »

(1) M. Olier, *La Journée chrestienne* (préface).

» Bien avant que notre Bienheureux vît formulée cette grande doctrine dans les épîtres de saint Paul qu'il connaissait si bien, dans les écrits des Pères, dans les livres de M. Olier dont il goûtait la lumineuse et fortifiante lecture, il la pratiquait assidûment. L'Esprit de Dieu, principe de la vie spirituelle, y inclinait son cœur : le christianisme, dès qu'il fut en âge de le comprendre, ne fut jamais pour lui que l'imitation même de Jésus-Christ.

» Ce fut en 1802 que naquit le B. Perboyre. On était au 6 janvier. Ce jour-là, l'Eglise fête, avec les rois mages, l'appel des Gentils à la connaissance du Sauveur, comme si, dans cette coïncidence, il fallût voir un présage de la vocation future de notre saint. Les noms de Jean-Gabriel, qu'on lui donnait le lendemain au baptême, sembleraient autoriser le présage. *Gabriel*, l'ange de l'Incarnation, le porteur de la bonne nouvelle à l'humanité déchue, *Jean-Baptiste*, le précurseur du Christ, le révélateur aux Juifs du Sauveur des hommes : Dieu pouvait-il remettre à de meilleurs patrons le soin de préparer cette chère âme à la haute mission qu'il voulait lui confier ? »

L'orateur nous fait connaître le lieu d'origine du Bienheureux, l'humble hameau du diocèse de Cahors où il reçut le jour, plus humble encore que le lieu où naquit le Sauveur, la famille chrétienne d'où il sortit, au sein de laquelle s'écoula son enfance, dans la reproduction des vertus du divin Maître aux jours de sa vie cachée. Il nous le montre, comme Jésus, ami de la prière, assidu à visiter le Seigneur dans son temple; comme Jésus, appliqué au travail : *In laboribus a juventute;* comme Jésus, marquant ses pas dans la vie par des progrès incessants dans la vertu : « Et l'Enfant croissait « et se fortifiait, et la grâce de Dieu était en lui. » Sa vertu s'imposait tellement à ses condisciples du Petit-Séminaire de Montauban où il fut placé, qu'ils l'appelaient le *petit Jésus*.

« Il avait quinze ans, continue l'orateur, lorsqu'au sortir d'un des sermons de la mission, donnée alors à Montauban, ce cri partait de son cœur : « Et moi aussi, je veux être missionnaire ! « Et il avouait que le sort de ces hardis semeurs de la parole évangélique au milieu des peuples infidèles, lui avait toujours fait envie.

» La pieuse société des Prêtres de la Mission n'a jamais cessé de compter dans son sein un grand nombre de ces hardis semeurs, et l'apostolat dans les pays infidèles est une des fins que saint Vincent de Paul a marquées à sa congrégation. Elevé par ses prêtres, il était naturel que Jean-Gabriel songeât à Saint-Lazare et en demandât l'entrée L'apostolat et le martyre en Chine du lazariste M. Clet allaient encore, quelques années plus tard, fortifier sa résolution.

. . . .

» Pendant tout le cours de ses études à Paris, Jean-Gabriel fut pour tous ses confrères la bonne odeur de Jésus-Christ. Aux grands sacrifices qui l'attendaient, il se préparait par les victoires qu'il ne cessait de remporter sur lui-même. Par sa vie tout entière, il était l'enseignement de tous. Ainsi avait fait le Seigneur Jésus. Dans le travail journalier de Nazareth, dans la pénitence et le recueillement du désert, il avait préparé sa mission auprès des hommes; il n'avait enseigné qu'après avoir pratiqué ce qu'il devait leur prescrire : *Cœpit Jesus facere et docere.* Notre bienheureux, appelé à être l'image expressive du Sauveur : *Conformis imaginis Filii Dei,* ne pouvait faire autrement que lui.

II

» Imitateur de Jésus dans sa vie cachée, Jean-Gabriel devait encore suivre pas à pas le divin Maître dans sa vie publique ; cette vie allait commencer pour lui. Mais auparavant il lui fallait, comme Saul et Barnabé, recevoir l'imposition des mains pour l'œuvre importante à laquelle Dieu le destinait : *in opus ad quod assumpsi eos.* Jamais vocation ecclésiastique n'avait été plus évidente; jamais âme n'y avait mieux répondu. Il avait vingt-un ans quand il reçut à Paris le premier des ordres sacrés, le sous-diaconat ; et aussitôt après, il était envoyé, comme professeur, au collége de Montdidier, au diocèse d'Amiens. Sa réputation l'y avait précédé; on l'accueillit comme une bénédiction. Il dépassa de toute façon les espérances qu'on avait fondées sur lui. On remarquait en particulier sa mortification et sa belle humeur. Si celle-ci était naturellement contenue par la modestie, celle-là, la soif de la pénitence, l'aurait porté à tous les excès, sans la vigilance incessante des supérieurs, toujours occupés à la régler. On sentait poindre le martyr dans cette guerre à outrance qu'il avait déclarée à son corps. Aussi bien, sa charité éclatait, et une charité sans bornes, par l'assistance qu'il donnait aux prisonniers de la ville, et par les aumônes dont il comblait les pauvres. Cet amour des pauvres, il avait soin de l'éveiller dans l'âme de ses élèves par ses exemples, et par la part qu'il leur laissait adroitement dans ses charités. Son séjour à Montdidier fut de deux ans à peine. En 1825, il était rappelé à Paris; là, il devait être ordonné prêtre.

» Nous pouvons imaginer avec quel soin il s'y disposa. Il avait étudié la grandeur et les insignes prérogatives du sacerdoce dans le sublime *Traité des SS. Ordres* de M. Olier, et le sacerdoce lui apparaissait, comme à saint François d'Assise, à une telle hauteur que, sans l'ordre de ses supérieurs, il eût certainement décliné cet honneur, comme indigne d'en être revêtu. « Quel bonheur pour moi, » écrivait-il aux siens, si je pouvais recevoir la prêtrise » avec les dispositions requises! Quelle source de grâces » pour moi et pour les autres! »

» Ce fut le 23 septembre 1825 qu'il reçut, avec la prêtrise, cette source de grâces dont tant d'âmes allaient profiter avec lui. Il n'avait pas encore vingt-quatre ans; mais la maturité de sa vertu, mais la précocité de son savoir suppléaient amplement à ce qui lui manquait du côté de l'âge. Au moment de monter à l'autel pour la première fois, il adressait à Notre-Seigneur cette touchante prière, qui souvent revint sur ses lèvres :

« Voici, ô mon divin Sauveur, que malgré mon indignité, » je vais vous donner un être que vous n'avez pas, l'être » sacramentel. Eh bien! je vous prie et vous conjure d'opé- » rer en moi la même merveille que je vais opérer sur ce

» pain, en vertu des pouvoirs qui m'ont été confiés. Lorsque » je dirai : *Ceci est mon corps*, dites aussi vous-même de » votre indigne serviteur : *Ceci est mon corps*. Faites, par » votre toute-puissance et votre infinie miséricorde, que je » sois changé, et tout transformé en vous. »

» La conduite qu'il traça depuis à un ecclésiastique pour la célébration de la messe d'après les vues admirables de M. Olier, nous suffirait à juger des saintes dispositions avec lesquelles il montait à l'autel. Bien d'autres témoignages l'ont amplement montré.

» Le grand Séminaire de Saint-Flour devait recueillir les prémices de son sacerdoce : il y fut envoyé comme professeur de dogme.

. . . .

. . . .

» Cependant son frère Louis, comme lui devenu prêtre et membre de la Congrégation de la Mission, était parti pour la Chine. Aussi vertueux que Jean-Gabriel, mais d'un tempérament plus vigoureux, les supérieurs l'avaient autorisé à suivre son attrait pour les missions lointaines ; il ramenait en Chine quatre jeunes missionnaires Chinois, quand il prit la mer au Hâvre aux derniers jours de l'année 1830. Cinq mois après, avant d'avoir atteint le théâtre de son apostolat, il mourait dans le trajet, en vue des côtes de la Nouvelle-Hollande.

» Gabriel aimait beaucoup Louis. Frères par le sang, ils l'étaient plus encore par le cœur et par la vertu. La nouvelle de la mort de ce frère bien-aimé le confirma dans le dessein qu'il nourrissait depuis tant d'années. « Puisque Louis n'a » pu fournir sa carrière d'apôtre, se dit-il, je prendrai sa » place, et, Dieu aidant, je serai plus heureux que lui. » Aux vacances suivantes (septembre 1832), il déclara nettement son dessein à ses parents, au Puech, et à son oncle, à Montauban.

. . . .

» Mais, avant son départ pour la Chine, Notre-Seigneur voulait que Jean-Gabriel acquît un nouveau trait de ressemblance avec lui ; le mot de l'Apôtre devait s'appliquer en tout à notre bienheureux : *Quos præscivit, et prædestinavit conformes fieri imaginis Filii sui.*

» Le Sauveur n'avait quitté le monde qu'après s'être choisi des apôtres : il lui fallait assurer aux hommes, par la communication de son éternel sacerdoce, le trésor de sa doctrine et de ses sacrements. A la haute dignité de la prêtrise, à la mission réservée aux apôtres, il avait préparé ceux qu'il s'était choisis : pendant trois ans, il les avait rendus témoins de ses vertus et de ses miracles; par lui, ils avaient été initiés à tous les secrets de son royaume céleste ; il les avait remplis de son divin esprit.

» La même charge allait être dévolue à Jean-Gabriel. On l'avait vu, dans ses ministères à Saint-Flour, si prompt à discerner les esprits, si habile à les manier, si capable de les former ; il avait témoigné en même temps d'une piété si éclairée, que ses supérieurs comprirent que les plus importantes fonctions pouvaient lui être confiées avec avantage.

» Or, en est-il de plus grande, et qui importe plus à l'Eglise de Dieu, que la formation des prêtres ? « Il n'y a pas dans » l'Eglise de Dieu, disait un des successeurs de M. Olier, de » bien plus nécessaire et plus étendu que celui qui peut se » faire par l'instruction des ecclésiastiques dans un sémi- » naire. Un bon curé ne sanctifiera au plus que sa paroisse ; » un bon évêque ne sanctifiera que son diocèse ; un » homme apostolique, un excellent missionnaire pro- » curera le salut des âmes dans plusieurs paroisses ; mais » un bon et fidèle directeur de séminaire peut, sans sortir » de sa maison, faire tout cela, et beaucoup plus encore. (1)» — « Pensons-y tant que nous voudrons, disait saint Vincent » à ses prêtres, nous ne trouverons pas que nous puissions » contribuer à rien de plus grand qu'à former un bon prêtre, » à qui Notre-Seigneur donne le pouvoir de consacrer et de » remettre les péchés. (2) »

(1) Cité par M. Icard, Supérieur général de la Société de Saint-Sulpice, dans les *Traditions de la Compagnie des Prêtres de Saint-Sulpice* ; in 8°, Paris, Lecoffre, 1886, p. 552.

(2) Abelly, *Vie de saint Vincent de Paul* ; t. I, p. 561. — Voir aussi t. II, p. 330.

» Telle fut la tâche donnée à Jean-Gabriel, et à laquelle déjà il s'était essayé à Saint-Flour. Appelé, en 1832, comme sous-directeur du séminaire interne de Paris, il en devint bientôt le seul directeur, par le fait de l'âge et des infirmités du prêtre chargé de cet emploi. Qu'il commentât devant ses élèves, dans ses leçons d'Ecriture sainte, les épitres de saint Paul dont il était tout pénétré, ou que, dans ses conférences publiques ou ses directions privées, il leur ouvrît les voies de la perfection, il le faisait avec l'autorité que donne la science et surtout la vertu. Son humilité le portait à se mettre au-dessous de tous ses élèves, il eût voulu n'être traité que comme leur serviteur. C'est bien Notre-Seigneur s'appelant le serviteur de tous, s'agenouillant à la Cène devant ses apôtres, et leur lavant les pieds. Sa douceur inaltérable lui gagnait les caractères les plus difficiles. Il ne pouvait mieux leur persuader, ce qu'il leur enseignait souvent, que sans la douceur un missionnaire ne peut se rendre agréable à Dieu, ni faire du fruit dans son ministère.

» Les sujets destinés aux missions, disait-il plus tard en » s'inspirant sans s'en douter de ce qu'il avait fait lui-même, » doivent être pleins de sainteté et de prudence. Qui dit un » saint, dit un homme qui possède toutes les vertus dans un » haut degré de perfection... La prudence ne doit pas être » seulement une qualité naturelle, mais encore un don sur- » naturel, ce doit être une qualité vraiment céleste. Après » tout, si la mission donne l'autorité aux apôtres, il n'y a » que la communication de l'Esprit de Dieu qui leur donne » la puissance de convertir le monde. »

» Tout en préparant, avec Notre-Seigneur, les hommes apostoliques qui devaient porter son nom aux extrémités du monde, notre bienheureux poursuivait son dessein ; mais toujours les mêmes oppositions se dressaient devant lui. « Avec vos maux de tête continuels, lui objectaient ses supérieurs, pouvez-vous songer à une mission en Chine ? »

« Voilà quatorze ans, disait-il un jour à ses séminaristes, » que je demande à y aller ! J'avais cette vocation avant » d'être missionnaire, je ne suis entré à Saint-Lazare que » pour cela ! » Et une autre fois, leur montrant un habit et une corde encore tout tachés de sang : « Voici l'habit d'un » martyr, s'écria-t-il avec émotion ; c'est l'habit de M. Clet, » voici la corde avec laquelle il fut étranglé ! Quelle belle » fin que la sienne ! Priez Dieu que je fasse comme lui ! »

» Ne croit-on pas entendre Notre-Seigneur tressaillant d'une sainte impatience devant les retards de son sacrifice : *Baptizo habeo baptizari, et quomodo coarctor usquedùm perficiatur.* « Je dois être baptisé d'un baptême de sang, et combien je désire de le voir accompli ! (1) »

» Rien n'est plus ordinaire dans les conduites de la Providence que ces longues attentes des faveurs de choix, auxquelles Dieu soumet ses saints. Ainsi saint Grégoire le Grand nous montre la Madeleine au jour de la Résurrection, demandant avec larmes, réclamant à tous ceux qu'elle rencontre le Bien-aimé de son cœur : *Ubi posuistis eum?* Elle le cherchait sans se lasser, dit le grand pape ; aussi fut-elle la première à le revoir, et il arriva, ajoute-t-il, que sa longue attente, en ravivant ses désirs, lui mérita de se reposer enfin dans la possession de l'objet qu'elle avait jusque-là inutilement cherché : *Actumque est ut desideria dilata crescerent, et crescentia caperent quod invenissent* (2).

Il en fut de même pour Jean-Gabriel : sa constance finit par triompher. La constance obtient tout.

» Un jour, le Bienheureux apprend qu'une mission s'organise pour la Chine ; aussitôt il va se jeter aux pieds du supérieur général de Saint-Lazare, le suppliant avec larmes de lui permettre enfin de partir.

» Le conseil de la Congrégation est réuni, le médecin consulté ; on décide que, vu la santé trop incertaine de M. Perboyre, son départ ne peut être encore autorisé. Mais, par un dessein manifeste de la Providence, le médecin, à quelques heures de là, émet un avis contraire ; le conseil revient sur sa décision, le vœu de M. Perboyre est exaucé. Comment exprimer la joie de l'homme de Dieu à cette nouvelle inespérée ! Aussitôt il va se jeter devant Notre-Sei-

(1) S. Luc, XII, 50.
(2) S. Gregor., *Homil.* 25 *in Evang.*

gneur pour le remercier de cette insigne faveur. Il aimait beaucoup ses parents, mais il ne voulut point aller au Puech : les émotions d'une dernière entrevue eussent été trop pénibles pour eux et pour lui.

» Il ne pouvait cependant quitter les séminaristes qu'il dirigeait avec tant de sollicitude, qu'il aimait comme des enfants et dont il était tant aimé, sans leur exprimer ses sentiments pour eux. Ah ! quelle scène touchante que cette dernière entrevue ! C'est alors qu'on vit ce saint homme descendre de la chaire, se prosterner au milieu de la salle et leur demander pardon des négligences et des mauvais exemples dont il se croyait coupable. L'émotion gagna toute l'assistance, et les jeunes gens, tombant eux-même à genoux, ne lui répondirent que par des sanglots.

» Cette scène touchante ne rappelle-t-elle pas celle des adieux de saint Paul aux prêtres d'Ephèse, si admirablement racontée par saint Luc : « Et maintenant, étant lié par l'Es-
» prit de Dieu, leur dit l'Apôtre, je m'en vais, ne sachant ce
» qui doit m'arriver... Mais rien ne me trouble, et ma vie ne
» m'est aucunement chère, pourvu que j'achève ma course,
» et que j'accomplisse le ministère que j'ai reçu du Seigneur
» Jésus pour rendre témoignage à son évangile. » Quand saint Paul eut prononcé ces paroles, dit saint Luc, il se mit à genoux et pria avec eux. Alors tous fondirent en larmes, et se jetant à son cou, ils l'embrassaient. — C'est ainsi que le Bienheureux quitta ses confrères de Paris ; il les bénit, sur leurs instances ; tous se recommandaient à ses prières, à l'exemple des premiers chrétiens, qui, sur le passage des martyrs allant à la mort, réclamaient leurs suffrages. On pressentait bien qu'on ne le reverrait plus. *Magnus fletus factus est omnium, quoniam amplius faciem ejus non essent visuri* (1).

» Le 21 mars 1835, Jean-Gabriel s'embarquait au Hâvre avec sept autres missionnaires, dont trois lazaristes comme lui. . . . .

. . . .

. . . .

(1) *Actes des Apôtres*, ch. xx.

» Après cinq mois de navigation, coupée par une relâche de trois semaines, le vaisseau entrait dans le port de Macao. C'était au mois de septembre 1835. « M'y voilà, écrivait-il à » un de ses confrères ; oui, m'y voilà, et béni soit le Sei- » gneur qui m'y a lui-même conduit et porté ! »

» Il s'appliqua sans retard à l'étude de la langue chinoise. Avec Notre-Seigneur, il brûlait d'évangéliser ces pauvres infidèles vers lesquels Dieu l'envoyait : *Oportet me evangelizare regnum Dei, quia ideo missus sum* (1).

« On dit, écrivait-il de Macao, que M. Clet ne parlait la » langue qu'avec une grande difficulté ; mes précédents me » donnent quelque ressemblance avec lui. Puissé-je ressem- » bler jusqu'à la fin à ce vénérable confrère, dont la vie » apostolique a été couronnée par la glorieuse palme du » martyre ! »

L'orateur nous fait assister aux premiers travaux du saint missionnaire dans la province de Ho-Nan. Il y arriva le 22 février 1836. M. l'Archiprêtre raconte, d'après le Bienheureux, « ces longs voyages accomplis presque toujours de nuit, toujours aussi semés d'inquiétudes et souvent d'accidents, ces gîtes répugnants des auberges chinoises, ces longues journées passées à donner l'instruction et les sacrements aux pauvres petites chrétientés qu'il avait visitées. C'était l'imitation exacte de la vie évangélique de son divin Maître. « Jésus, dit saint Luc, parcourait les villes et les » bourgades de la Judée, prêchant partout et annonçant le » royaume de Dieu (2).

. . . .

» En janvier 1838, le Bienheureux reçoit la mission d'évangéliser le Hou-Pé. C'est du Hou-Pé qu'il adresse des détails du plus vif intérêt sur la situation religieuse de ces pauvres chrétientés. Assiduité dans la prière, fréquentation des sacrements comme aucune des meilleures paroisses de France n'en offre l'exemple, déférence au missionnaire qui est fait l'arbitre de tous les différends, rien n'est plus tou-

(1) S. Luc, IV, 44.
(2) id. VIII, 1.

chant que le tableau de ces chrétientés aussi riches en foi et en vertus que dénuées des avantages terrestres. « Impossible » de vous faire une idée de l'extrême misère des gens qui » habitent nos montagnes, écrit-il au mois de septembre » 1838. Pendant les quelques mois que j'ai passés ici, j'ai » administré bien des malades. Quand j'interrogeais le caté- » chiste médecin sur la cause de la maladie, je l'entendais » presque toujours me répondre : Il n'y a pas d'autre cause » que la misère et la famine. *Je continuais ma route en » silence, livré au remords de survivre à ces infortunés, ne » me voyant pas mourir de la même manière qu'eux.* »

» Ce dernier trait est sublime de charité. Il est bien digne du disciple de Celui dont le cœur divin était bouleversé à la vue des foules affamées, et qui marquait à ce peuple sa miséricorde en faisant pour le rassasier un de ses plus éclatants miracles. Jean-Gabriel aurait voulu, comme son divin Maître, être en tout semblable à ses frères : *Per omnia fratribus similari*, c'est-à-dire, prendre sur soi toutes leurs misères : *Circumdatus infirmitate* (1), pour être plus agréable à Dieu, plus utile à son peuple.

» C'est dans cette pensée qu'impuissant à satisfaire, par ses travaux et ses fatigues continuelles, sa soif de pénitence, on le voyait châtier son corps sans pitié et le charger de chaînes de fer. Comme s'il eût eu le pressentiment de sa fin prochaine, il se complaisait dans la lecture des actes des premiers martyrs, et souvent c'était dans ces actes qu'il puisait les enseignements à ses ouailles, toujours menacées, comme lui, de la persécution; il leur offrait, dans les martyrs, des modèles à suivre, quand arriverait l'heure de confesser Jésus-Christ.

» Mais un autre martyre, de tous le plus douloureux pour son cœur, devait précéder pour lui le martyre véritable. Destiné à reproduire complètement Notre-Seigneur dans sa vie et dans sa mort, il avait à passer par tous les états du Sauveur et être éprouvé de la même manière que lui : *Tentatus autem per omnia pro similitudine* (2). Il dut donc

(1) Ep. aux Hébreux, ch. II et V.
(2) Idem, ch. IV.

connaître les tristesses et les délaissements de Notre-Seigneur au cours de sa passion. Toutes les angoisses de l'agonie de Jésus, tous les abandons de sa dernière heure vinrent fondre sur son âme. Plus de lumière d'en haut: le Ciel semblait fermé sur lui. Plus de joie intérieure. La vue du Crucifix ne disait plus rien à son âme, et le tabernacle était comme vide et muet pour lui. Dieu lui paraissait un juge irrité, il se croyait aussi grand pécheur que Judas. On le voyait se dessécher comme une fleur flétrie par les ardeurs du soleil, comme une plante rongée dans sa racine par un ver caché. Ce fut alors que, dans une vision céleste, Jésus crucifié lui apparut (1); le divin Maître regardait son serviteur avec une ineffable bonté. — « Que crains-tu ? lui dit-il. As-tu donc oublié que je suis mort pour toi ? Mets tes doigts dans mon côté, et cesse de craindre la damnation. » La paix rentra dès lors dans son âme, toute crainte disparut : il venait de recevoir, avec l'assurance de son salut, le présage certain de son prochain martyre.

III

C'est à retracer les scènes de ce long et cruel martyre, c'est à faire ressortir les traits nombreux et frappants de ressemblance entre cette passion de notre Bienheureux et celle du Sauveur, que l'orateur a consacré cette troisième partie de son discours. Il avait montré dans les deux précédentes comment le B. Perboyre avait imité Notre-Seigneur dans sa vie cachée et dans sa vie publique; il lui restait à établir les ressemblances entre le divin Maître et le saint missionnaire dans la passion qu'il avait eu à subir en haine de la foi chrétienne.

Rien de plus frappant que ces ressemblances. Le Bienheureux est trahi par un de ses néophytes et vendu, comme l'avait été son divin Maître par Judas, pour trente onces d'argent. On lui lie les mains derrière le dos, il est accablé

(1) V. le Bref de béatification.

de coups, promené de ville en ville, de tribunal en tribunal, vêtu à peine, le cou chargé de chaînes, en butte à toute sorte d'injures et de traitements odieux. Cependant son courage ne faiblit point, sa patience reste inaltérable.

« Epuisé de fatigue, de faim et de coups, on se demandait, dit l'orateur, comment il pourrait gagner la ville éloignée de Kou-Tching-Hien où il devait subir de nouveaux interrogatoires. On vit alors un honnête païen, ému à la vue de cette victime si résignée dans son accablement, s'approcher du mandarin, et, nouveau Simon de Cyrène, lui demander avec instance la permission de transporter, à ses frais, sur une litière, le saint prisonnier. Il obtint ce qu'il demandait. La reconnaissance du B. Perboyre ne se fit pas longtemps attendre : on verra bientôt comment, grâce à l'intercession du saint martyr, Dieu se plut à récompenser la générosité de cet homme. »

Nous ne raconterons pas avec l'orateur, qui s'est borné pourtant à retracer les scènes les plus émouvantes de la passion du B. Perboyre, toutes les épreuves auxquelles il fut soumis pour qu'il abjurât sa foi; comment, à l'exemple du divin Maître, il fut, dans les prisons de la Chine, associé aux plus grands criminels; comment, au lieu de maudire ses bourreaux, il priait pour eux, dans les plus affreuses tortures, à l'exemple du Sauveur en croix. Tout ce qu'ont subi de plus cruel et de plus outrageant les premiers martyrs, le Bienheureux l'a subi, et sa passion fut plus longue que la leur, puisqu'elle dura une année.

« A la suite d'un de ses derniers interrogatoires, il fut si affreusement maltraité, dit l'orateur, que le sang lui sortait de partout. Il avait reçu plus de deux cents coups de bâton. Sa tête était horriblement enflée, et sa chair en lambeaux. On pouvait bien lui appliquer la parole dite par le Prophète au sujet de la divine Victime du Calvaire : « De la plante des pieds jusqu'à la tête, il n'y a plus rien de sain en lui. »....... Sa faiblesse était telle qu'il ne pouvait plus se tenir debout.

» L'attitude pieuse et résignée du martyr frappa d'admiration les malfaiteurs eux-mêmes, compagnons de sa captivité. Comme le bon larron crucifié près du Sauveur en croix, ils disaient hautement qu'il était injustement puni : *Nos digna factis recipimus; hic vero quid mali fecit?* Heureux si, avec le bon larron, ils fussent arrivés à proclamer la divinité du Maître qui, par sa grâce, faisait ainsi triompher son serviteur !

» Fatigué de torturer le saint confesseur de la foi, convaincu de son impuissance à le faire abjurer, le vice-roi condamna M. Perboyre à être étranglé. La sentence n'était exécutoire qu'après ratification par l'empereur. Jusque là le saint captif devait rester en prison. Il y attendit huit mois, le rescrit... Enfin, le 11 septembre 1840, un courrier impérial apportait l'édit de l'empereur, confirmatif de la sentence du vice-roi. Selon l'usage chinois, la sentence devait être exécutée le jour même. Jean-Gabriel en fut aussitôt prévenu et conduit au lieu de l'exécution dans la compagnie de cinq voleurs. Il marchait les pieds nus, portant sur une longue perche, dans ses mains liées derrière le dos, l'écriteau où était inscrite sa condamnation. Chose merveilleuse ! Le visage du serviteur de Dieu resplendissait de jeunesse et de beauté ; les forces lui étaient revenues ; nulles traces sur son corps des horribles plaies dont il avait été tout labouré.

» C'est l'usage, en Chine, de mener les criminels vers le lieu du supplice, au pas de course, au bruit des cymbales. M. Perboyre suivait d'un pas alerte et résolu. Une multitude de païens le regardaient passer avec respect ; ils murmuraient de ce qu'on allait le faire mourir.

» Pendant qu'on décapitait les voleurs, le serviteur de Dieu s'était mis à genoux et priait. Sa mort, comme celle de M. Clet, fut des plus douloureuses. Par ordre du vice-roi, il fut attaché à un gibet qui avait la forme d'une croix ; jusqu'à la fin, il devait ressembler à son divin Maître : *Conformis imaginis Filii Dei.* Ses bras étaient ramenés sur le dos, ses deux pieds repliés par derrière ; il était suspendu comme à genoux, un peu au-dessus du sol. On l'avait dépouillé de la robe rouge dont sont revêtus les condamnés : il n'était couvert que d'un pauvre caleçon.

» Par deux fois, le bourreau serra vigoureusement la corde qui devait l'étrangler, par deux fois il la lâcha pour faire durer plus longtemps le supplice. Au troisième coup, plus violemment imprimé que les autres, il crut que c'en était fait; et, comme la victime respirait encore, un satellite s'approcha et lui donna du pied un grand coup dans le bas ventre. Ainsi le centurion avait frappé de sa lance Jésus en croix, pour s'assurer qu'il n'était plus. Cette fois, le martyre du serviteur de Dieu était bien consommé : l'âme du Bienheureux venait de s'envoler vers le Ciel. C'était un vendredi, à midi, presque l'heure où le Sauveur avait rendu son âme à son Père. Sa vie publique avait été de trois ans, comme celle de son divin Maître; il l'achevait de la même façon que Notre-Seigneur avait terminé la sienne.

. . . .

» Au moment de la mort de notre bienheureux, une grande croix lumineuse apparut dans les cieux. Nombre de Chinois, païens et chrétiens, l'aperçurent; on la vit, de même forme et sur le même point du ciel, dans des districts éloignés les uns des autres. C'était l'image du bonheur céleste que par la croix il venait d'acquérir : Notre-Seigneur voulait ainsi, devant tout ce peuple, glorifier son serviteur, qui l'avait si parfaitement imité dans sa vie et dans sa mort.

» Peu de temps après le saint trépas du Bienheureux, le païen qui s'était montré si généreux en lui procurant une litière pour aller à Kou-Tching au lendemain de son arrestation, tomba gravement malade. On le croyait perdu, et lui-même était dans de mortelles angoisses, quand M. Perboyre lui apparut dans un songe. Le Bienheureux avait avec lui deux échelles, l'une rouge, image sans doute de son martyre, sur laquelle il s'appuyait, l'autre blanche; par celle-ci, il pressait le malade de venir à lui. « Vous souffrez extrêmement, n'est-ce pas, lui disait M. Perboyre; montez où je suis, par cette échelle blanche, et vous serez heureux. » C'était lui indiquer le saint baptême et la vie chrétienne, comme le moyen sûr de parvenir au ciel. Le malade se mit à invoquer les saints noms de Jésus et de Marie qu'il connaissait déjà ; aussitôt la vision disparut : il était guéri. Il ne s'en tint pas là. Il se fit baptiser, et peu de jours après, il mourait avec tous les signes du salut.

« Montez où je suis par cette échelle blanche, et vous serez heureux. »

» Retenons, Messieurs, cette exhortation du saint martyr, comme faite à chacun de nous; retenons-la pour notre profit. Qu'elle soit la conclusion de ce panégyrique dont les éléments, je vous l'ai dit en commençant, appartiennent au saint martyr. C'est lui, rien que lui que vous avez vu en scène, que vous avez entendu.

» Pour le Bienheureux, le chemin du ciel a été *l'échelle rouge ;* il n'est arrivé à la terre promise qu'en traversant la mer de sang par laquelle tant de martyrs avaient passé avant lui. Maintenant qu'il est parvenu au terme, qu'il se repose sur les bords immobiles de l'éternité, il contemple, dans la vision béatifique, ces flots jadis si courroucés, désormais aussi calmes, aussi unis que le cristal; et de ces rivages bienheureux, il bénit Dieu avec Moïse et tous les saints de ce qu'il a échappé à tant de tempêtes, et avec eux il chantera sans fin le cantique de la délivrance : *Et vidi eos qui vicerunt, stantes super mare vitreum, habentes citharas Dei, et cantantes canticum Moysi et canticum Agni* (1).

« Quant à nous, Messieurs, vraisemblablement c'est par l'autre échelle, *l'échelle blanche,* que nous rejoindrons le saint martyr sur ces heureux rivages, et que nous irons à Dieu. Aujourd'hui, du moins, telle semble être notre destinée ; mais qui sait si elle sera telle demain ?

« Montez où je suis par cette échelle blanche, et vous serez heureux ! »

» Si vous voulez savoir la signification de cette échelle que le Bienheureux nous montre, saint Paul vous le dira : « Vous tous qui avez été baptisés en Jésus-Christ, vous avez à imiter Jésus-Christ. » *Quicumque in Christo baptizati estis, Christum induistis* (2). C'est Jésus-Christ dont vous devez être revêtus; c'est donc nous dire que Notre-Seigneur, dans les états de sa vie obscure, laborieuse et souffrante, doit revivre

(1) *Apocalypse*, chap. XV.
(2) Epitre aux Galates, ch. III, v. 27.

en nous. Si le chrétien doit en porter les traits de façon à ce qu'on reconnaisse Jésus-Christ en lui, combien plus les prêtres et les âmes appelées à la perfection dans la vie religieuse! Or, cette ressemblance précieuse ne s'acquiert pas sans efforts, elle est le prix de plus d'un combat.

» Dans l'Eglise de Dieu, il y a des combats de bien des sortes : on ne gagne pas seulement la couronne éternelle en versant son sang pour Jésus-Christ; on la gagne aussi par le mérite de ses œuvres journalières, par les efforts obscurs que l'on fait pour lui rester fidèle : *Qui coronam in persecutione purpuream pro passione donabit, ipse in pace vincentibus pro justitiæ meritis dabit et candidam* (1).

» Du reste, que l'échelle soit rouge ou blanche, il faut monter, et l'on ne monte jamais sans peine. Rouge ou blanche, c'est par la croix que nous entrerons dans la gloire et le repos de Dieu. « Je vous épouserai, dit le Seigneur à son Eglise, je vous épouserai pour toujours. » *Sponsabo te mihi in sempiternum.* Et à quelles conditions? Ecoutez : « Je vous épouserai, non pour vous donner la richesse, la » joie, vos aises en ce monde, non, mais pour vous faire » part de ma croix (2) ». *Sponsabo te mihi in justitiâ, in judicio, in misericordiâ et in miserationibus.*

» Voilà bien la destinée de l'Eglise : elle a son fondement dans la croix, elle en tire toute sa vertu, dit saint Léon : *Sacramento crucis Christi fundata religio.* On la croirait amoindrie par les persécutions, mais elle se propage et s'affermit par elles. L'orage qui jette à terre les grains de blé les fait renaître plus nombreux. *Semper dominicus ager segete ditiori vestitur, dum grana quæ singula cadunt multiplicata nascuntur* (3). Si telle est la condition de l'Eglise, celle de ses enfants ne saurait être différente : en vain chercherions-nous, ailleurs que dans la croix, le mérite et le salut.

» O bienheureux martyr, pénétrez-nous de ces vérités. Répondez aux honneurs que vous rend l'Eglise de Dieu par

(1) V. Bède, serm. 18 *de Sanctis.*
(2) Osée, II.
(3) S. Léon, *Sermo in Natali SS. Petri et Pauli.*

un surcroît d'amour de la croix, par la spontanéité et la générosité dans les sacrifices, que vous obtiendrez à ses enfants. Le Saint-Père l'a dit, au moment de vous décerner les suprêmes honneurs des autels, vos exemples doivent nous porter à soutenir pour la foi toute sorte de sacrifices et de combats.

» Que l'esprit de Notre-Seigneur, si éminent en vous, se conserve et grandisse encore, s'il se peut, dans la famille de saint Vincent qui fut votre famille ; qu'il s'écoule dans l'Eglise, pour refaire par ses missionnaires la vie chrétienne dans le peuple des champs, pour communiquer par ses éducateurs à la jeunesse cléricale l'esprit apostolique dans toute sa vigueur. Bénissez vos frères du haut du ciel, glorieux et invincible martyr.

» Et nous, formés en grande partie par eux, daignez voir en nous des enfants ; regardez-vous comme notre père, faites-nous les héritiers de votre esprit. « Soyez mes imitateurs, nous dites-vous, comme je l'ai été de Jésus-Christ. » Oui, c'est vers cette imitation que nous dirigerons notre activité. Avec vous, nous travaillerons à ressembler à Notre-Seigneur dans les humiliations et les travaux de cette vie passagère, pour mériter de lui ressembler dans les splendeurs de la vie éternelle. Alors, « quand apparaîtra le Christ, principe et modèle de notre vie, avec lui, avec vous, ô saint martyr, nous paraîtrons dans la gloire. » *Cum Christus apparuerit vita vestra, tunc et vos apparebitis cum ipso in gloriâ* (1). Amen. »

Un salut solennel du Saint-Sacrement termina la cérémonie, qui devait laisser dans les âmes de si douces impressions : les chants aidaient bien à la prière, le recueillement était profond, chacun sentant le besoin de demander la grâce de suivre au moins de loin le Saint que M. le chanoine Lucot venait de montrer à une telle hauteur.

(1) 2e Epître aux Colosses, ch. III.

Après le Salut eut lieu comme le matin la vénération des reliques du Bienheureux. Le chœur de chant fit entendre un nouveau cantique auquel on peut donner pour titre : *Les vertus du Bienheureux*. Il est l'œuvre d'un élève du séminaire, jeune poète, qui a voulu consacrer les prémices de son talent à la glorification d'un saint : à ce titre, il doit être conservé ici ; on le trouvera à la fin de ce compte-rendu.

LE SOIR.

On croyait, on pouvait bien croire cette première journée terminée, elle avait été assez belle. Pour le soir, on n'avait annoncé que la prière et la bénédiction du Saint-Sacrement, mais le soir réservait une grande surprise. Les ouvrières ne sont pas libres dans la journée, les hommes pour l'ordinaire ne le sont guère plus ; beaucoup de ceux-là désiraient vivement la bénédiction du Bienheureux, et ils n'avaient que le soir pour venir la demander.

Avant huit heures, la chapelle est déjà remplie : une foule pressée et compacte est obligée de rester dans la rue. Elle ne voit rien, elle n'entend les chants que bien indistinctement, et cependant, elle veut être là : elle veut être là parce qu'elle essaiera de pénétrer tout à l'heure, quand, après le Salut, aura lieu la vénération des reliques, et que les premiers venus, on l'espère du moins, laisseront aux derniers une place tant désirée.

A une pareille assistance, ne doit-on pas le salut solennel qui a été donné l'après-midi ; c'est ce que pense M. le Supérieur. Les séminaristes sont infatigables : ils paraissent d'autant plus désireux de contenter ces nouveaux pélerins qu'ils n'ont pas compté sur eux.

Après le salut, se déroule une ligne interminable de pélerins pénétrés de respect, absorbés dans la pensée du saint dont ils viennent vénérer les reliques. Pendant ce temps, le chœur de chant exécute le cantique du triomphe du Bienheureux.

Il est bientôt connu de la foule qui aime ces chants populaires et toutes les voix s'unissent pour reprendre le refrain :

Triomphe, amour, honneur et gloire
Au Bienheureux Jean-Gabriel...

C'est alors un véritable enthousiasme : le peuple laissé à lui-même est bon ; le sentiment religieux lui est naturel, les fêtes du bienheureux Perboyre en sont un éclatant témoignage.

Fils de Saint Vincent, vous pouvez être heureux, contents de cette première journée de vos fêtes ; le peuple auquel votre vénéré Père vous a particulièrement destinés, le peuple est venu à vous, vous lui avez fait du bien : soyez-en bénis.

Second jour.

LE MATIN.

Les pèlerinages continuent; la ferveur se soutient.

Dès cinq heures et demie du matin, les Sœurs de Saint Vincent de Paul reviennent à l'autel du bienheureux Perboyre. Cette fois, elles amènent à ses pieds leur petite famille d'adoption; au saint martyr, elles veulent consacrer ces enfants abandonnés, lui recommander leur enfance, leur jeunesse et tous les instants de leur vie. En petites compagnies, ils s'avancent dans la chapelle; en silence, avec ordre, sous l'œil de leurs mères, ils vont prendre leur place, et bientôt tout le chœur est rempli. Digne fils de Saint Vincent, M. Chinchon monte à l'autel : c'est un père au milieu de ses chers enfants. A l'Introït, un groupe d'orphelines commence la cantate : ce chant tant aimé a un charme de plus, répété par ces voix enfantines. Les chants se succèdent avant et après la communion. Après la messe, vénération des reliques; sur le visage de ces petits enfants, se trahit la ferveur avec laquelle ils demandent la bénédiction du Bienheureux.

Vers sept heures, autres pèlerins : précédés de leur vénérable pasteur, M. Huot de Saint-Albin, les paroissiens de Notre-Dame arrivent nombreux et recueillis. Pendant la messe, les séminaristes exécutent divers cantiques en l'honneur du Bienheureux, et l'on entend surtout avec bonheur le duo de *l'Ange et l'Ame*. La communion amène à la Sainte Table des fidèles toujours plus nombreux. Après la messe, chacun s'empresse d'aller vénérer les reliques du Bienheureux ; on voudrait prier plus longtemps, mais d'autres pèlerins attendent leur tour.

A huit heures, pèlerinage de la paroisse Saint-Loup : conduit par son curé, M. l'abbé Chapiteau ; toujours le nombre et la ferveur, toujours nouveaux chants, exécutés avec grand succès par les jeunes filles du Patronage. Félicitations surtout pour le *Misericordias Domini in œternum cantabo.*

C'est l'heure de la grand'messe, elle sera chantée par M. l'abbé Musart, vicaire général.

La chapelle est encore remplie ; dans le chœur nous ne remarquons plus comme la veille les dignitaires du clergé : il est occupé par les prêtres de la dernière ordination. Par une délicate attention, M. le Supérieur avait voulu inviter ces jeunes prêtres qui avaient espéré l'an dernier saluer du titre de bienheureux le martyr qu'on leur avait appris à vénérer. Des quatre coins du diocèse, ils sont venus recommander au Bienheureux leur apostolat naissant et prendre leur part de ces magnifiques fêtes.

La messe de Mozart fera sans doute aux nouveaux invités le même plaisir qu'à ceux de la veille ; c'est ce qu'ont pensé les séminaristes, et ils en donnent une seconde audition avec plus d'assurance encore que le premier jour.

Après la messe, la cour et les corridors héritent de l'affluence de la chapelle ; nul ne veut quitter le séminaire sans avoir parcouru la série des transparents et jeté un regard sur l'ensemble des décorations. Les séminaristes se font un plaisir de guider les visiteurs et de leur expliquer les symboles moins faciles à saisir, et les pèlerins se retirent édifiés.

A midi, tous les invités sont réunis avec les élèves au réfectoire : les honneurs de cette journée sont aux jeunes prêtres tout étonnés d'avoir rang aujourd'hui avant les prêtres vénérés qui, hier encore, étaient leurs maitres.

Tout avait été bien prévu, semblait-il, et il y eut encore une surprise. Monseigneur n'avait pas voulu promettre sa présence pour ce second jour, puis, cédant au désir de revoir ses plus jeunes prêtres tous ensemble, il vint sans se faire annoncer : les applaudissements qui saluèrent son entrée dirent assez à Sa Grandeur combien cette surprise était agréable à tous.

L'APRÈS-MIDI.

L'heure des vêpres est encore éloignée, et déjà au pied de la statue du martyr, les fidèles se pressent nombreux ; il n'y a bientôt plus de place dans la chapelle.

A trois heures commence l'office. Les jeunes prêtres sont groupés auprès de l'autel. Heureux de retrouver ceux qui naguère priaient avec eux dans cette chapelle, les séminaristes entonnent le verset du Psalmiste : *Ecce quam bonum et quam jucundum habitare fratres in unum.* « Qu'il est bon, qu'il est doux pour des frères d'habiter ensemble. » C'était une heureuse idée. Provoqués par cette antienne, les jeunes prêtres chantent avec beaucoup d'âme le psaume des promesses cléricales ; ils sont très émus quand ils jurent de nouveau fidélité au Seigneur : *Dominus pars hæreditatis meæ et calicis mei, tu es qui restitues hæreditatem meam mihi.* Et le chœur de leur répondre : *Ecce quam bonum et quam jucundum habitare fratres in unum.* Dans sa simplicité, ce chant est d'un grand effet.

PANÉGYRIQUE.

Après le *Magnificat*, M. le chanoine Toublan, ancien supérieur du séminaire, monte en chaire pour faire l'éloge du Bienheureux. Hier un érudit, aujourd'hui un moraliste, demain un poète pour célébrer les vertus du héros, tout aura été dit et bien dit.

M. le chanoine Toublan commence ainsi :

« *Mirabilis Deus in sanctis suis.*
» Dieu est admirable dans ses saints. »
(Ps. 67.)

« Mes Frères,

« Un saint est toujours un signe du ciel, signe à la fois glorieux et miséricordieux.

» Signe glorieux pour Dieu d'abord, qui en est le premier auteur et qui, par lui, révèle toutes les richesses et les puissances de sa grâce.

» Signe glorieux pour l'Eglise catholique, dont la vitalité féconde se manifeste par tant d'institutions admirables, mais surtout par ses Saints. Ennemis de l'Eglise, comment osez-vous dire agonisante, celle qui, dans ce siècle même, produit des saints tels que Gabriel Perboyre ?

» Signe glorieux pour le pays, pour la patrie où Dieu daigne le faire naitre. Gloire à vous, petit hameau du Puech, paroisse de Montgesty, diocèse de Cahors, puisque vous pouvez vous appeler le berceau d'un saint ! Gloire à toi, aussi, ô France, puisque tu peux te dire la patrie de Gabriel Perboyre ! Relève ton front abattu par tes malheurs et plus encore par les humiliations que te font subir ces hommes néfastes qui s'efforcent d'étouffer dans la boue de toutes les hontes tes beaux titres de fille aînée de l'Eglise, de nation toujours inaccessible à l'erreur, de peuple essentiellement missionnaire, de soldat toujours prêt à guerroyer pour toutes les nobles causes. Oui, ô France, relève ton front, le cœur de Dieu bat encore sur toi, puisqu'il te donne des Saints, et surtout des Saints comme Gabriel Perboyre ? Et que d'autres noms se murmurent tout bas à l'oreille et vont, demain, retentir jusqu'aux confins de la terre ! Rome à qui il appartient de les proclamer nous en donne déjà les meilleures espérances.

» Signe glorieux pour la famille où Dieu le choisit. Chacun le sent mieux que je ne pourrais le dire. Chacun tourne ses regards vers vous, vénérable prêtre, que nous espérions voir présent à cette fête, et qui portez si bien vous-même le nom du B. Perboyre. Quel bonheur, n'est-ce pas, d'être le frère d'un saint !

» Nous tournons aussi nos regards vers vous, dignes prêtres de la Mission, vrais fils de saint Vincent de Paul. Quelle joie Dieu vous a faite en se choisissant un saint parmi vous ! Et puisque vous avez voulu nous associer à votre joie si douce et si légitime, laissez-nous, en glorifiant ce Bienheureux, vous renvoyer à vous-mêmes une partie de sa gloire. N'êtes-vous pas les fleurs du même parterre, les rameaux du même arbre béni, les enfants de la même famille, les membres du même corps ?

» Signe glorieux du Ciel, un Saint en est également le signe miséricordieux, c'est-à-dire que, dans la pensée de Dieu, il est un remède aux maux de l'époque à laquelle il l'envoie.

» Le grand mal de notre époque, je n'ai pas à le démontrer, tout le monde en convient, c'est l'amour effréné de la jouissance. Voilà pourquoi Dieu lui donne non-seulement un Saint de la plus haute stature, un apôtre affamé de sa gloire et du salut des âmes, mais aussi un martyr. Et quel martyr ? Non pas un martyr de circonstances, de faveur, si j'osais m'exprimer ainsi, mais un martyr comme on en compte peu dans l'histoire de l'Eglise, puisque sa vie, de près de quarante ans, peut se résumer tout entière en ces deux mots : *Préparation* et *consommation* du martyre. »

Nous ne pouvons qu'analyser à grands traits ce discours où l'orateur s'est surtout attaché à faire du bien aux âmes par des considérations pratiques que lui suggérait naturellement la vie de son héros.

La préparation du martyre : elle commence au foyer paternel. Issu d'une famille vraiment chrétienne, « grâce » aux saints exemples et au langage chrétien de ses parents, » Jean-Gabriel comprend de bonne heure ce que d'autres » ne comprennent pas, même au seuil de la mort, je veux » dire le mystère de la souffrance ; comme elle purifie le » chrétien, l'élève, l'orne, le déifie en quelque façon en le » rendant semblable à son Dieu Sauveur, et devient pour » lui le germe d'une immense gloire éternelle. Aussi, il lui » voue toute sa vie avec un amour et une assiduité que rien » ne pourra jamais démentir. »

Pour le prouver, quelques traits de cette belle vie suffisent à l'orateur : il montre le Bienheureux multipliant dès sa première enfance les sacrifices, ne témoignant jamais la moindre impatience, la moindre mauvaise humeur ; jeune encore, laissant les jeux de l'enfance, modeste, silencieux, recueilli, priant avec ferveur; se livrant sans se plaindre aux travaux des champs, pénibles pour une santé aussi délicate que la sienne.

Au Séminaire, Jean-Gabriel continue à « se montrer » l'ami de plus en plus passionné de la souffrance, dont il » fait la compagne inséparable de sa vie et pour ainsi dire » l'âme de son âme. »

Toujours affable envers ses condisciples, il répond par un sourire plein d'affection à leurs caprices, à leurs procédés peu charitables; mortifié en tout temps et en tout lieu, il s'interdit les satisfactions les plus innocentes, et jeûne deux fois la semaine.

Mais ce que l'orateur veut surtout faire remarquer, c'est cette modestie « que l'on ne retrouve aussi consommée que chez un petit nombre de saints et qui a fait l'admiration de tous. »

« La modestie est belle, s'écrie-t-il, mais ce qui est plus » admirable encore, c'est la force d'âme qu'elle révèle, ce » sont les victoires qu'il faut gagner sur soi-même pour la » pratiquer. N'êtes-vous point comme moi? Ne vous sentez-» vous pas profondément humiliés? Nous accordons tant à » nos sens, et Gabriel leur a tant refusé ! »

Puis, passant à la vocation religieuse, il le montre, « héros chrétien et saint consommé, » multipliant les sacrifices au moment du départ, semant partout dans les diverses maisons de la Congrégation les actes d'une mortification de plus en plus affermie.

Mais pourquoi appeler cette première partie de la vie de Gabriel Perboyre la préparation du martyre? « Gabriel, dit-» il, avait entrevu la beauté du martyre, son âme en avait » été éprise, et depuis ce moment il avait eu à l'esprit une » pensée, au cœur un désir : la pensée, le désir d'en cueillir » la palme.

» Cette pensée et ce désir avaient eu pendant toute sa vie » de nombreux échos, soit dans ses lettres et ses conversa-» tions, soit dans ses prières. »

Enfin, après une attente de quatorze ans, ses vœux sont

exaucés, il part pour la Chine : alors commence la *consommation du martyre*.

A grands traits, l'orateur retrace les labeurs et les mortifications du missionnaire ; il rappelle en termes émus la longue passion, les tourments, la prison, la mort du martyr. « On croit assister, dit-il, aux combats des premiers martyrs » de l'Eglise ! Du côté des bourreaux, raffinements de » cruauté ; du côté du Bienheureux, patience inaltérable, » sagesse et générosité de langage ; du côté du ciel, attention à donner au martyr une plus parfaite ressemblance » avec Jésus-Christ, chef et modèle de tous les martyrs. » Gabriel avait tant désiré devenir semblable à son divin » maître, il l'avait tant demandé, il y avait tant travaillé ! »

Devant un tel spectacle, l'orateur ne peut retenir son admiration :

« Quelle belle vie, quelle belle mort ! Dieu soit béni de » nous avoir donné un si glorieux martyr ! »

Après l'éloge du Bienheureux qui a cueilli la palme, devait venir l'exhortation aux vivants qui luttent péniblement dans la vallée des larmes : la voici dans la fin du discours.

« Pour nous, mes frères, comprenons désormais le prix » de la souffrance. Acceptons-la, d'où qu'elle nous vienne, » de la main de Dieu ou de la main des hommes.

» Afin de nous encourager à le faire, rappelons-nous les » exemples de Jésus-Christ et de ses saints, surtout des » saints martyrs ; rappelons-nous que ce qui nous consolera » le plus à la mort, ce n'est pas tant ce que nous aurons » fait, que ce que nous aurons souffert pour Dieu ; rappelons-nous que notre gloire du ciel sera en proportion de » nos souffrances de la terre. Plus de souffrances ici-bas et » plus de gloire au ciel !

» Bienheureux Jean-Gabriel, vous que nous fêtons en ce » jour, obtenez-nous une double grâce : celle de comprendre » comme vous, le mystère de la souffrance, et surtout, celle » d'imiter votre patience dans les peines de la vie et de la » mort. Ainsi soit-il. »

Le panégyrique fut suivi du salut solennel du Saint Sacrement, pendant lequel le soliste donna le « *Super flumina Babylonis* » avec beaucoup de vérité et de sentiment.

L'office est terminé, mais le concours de peuple ne diminue pas. On veut rester auprès des reliques et de la statue du Bienheureux et on y prie avec une ferveur extraordinaire. Que de grâces durent descendre du Ciel sur les pèlerins pendant ces trois jours bénis !

Le soir, quand les portes de la chapelle s'ouvrirent pour la prière, les fidèles attendaient depuis longtemps dans la rue, et beaucoup durent y rester faute de place dans la chapelle. Après le salut solennel du Saint Sacrement, eut lieu une dernière fois la vénération des reliques. Elle dura longtemps : les fidèles sortant de la chapelle faisaient place à d'autres qui n'avaient pas voulu se retirer sans emporter au moins une bénédiction du Bienheureux. Pendant cette cérémonie, les séminaristes chantaient avec grand entrain le cantique des *vertus du Bienheureux* :

O chœurs divins, à nos faibles cantiques...

Le second jour était fini ; il avait été ce que sont les jours bien passés au service de Dieu : calme, fervent, fécond.

Troisième jour

LE MATIN

Les fêtes du premier jour avaient été imposantes; celles du second jour plus intimes; le troisième jour devait être un vrai triomphe.

Dès le matin, les pèlerinages particuliers recommencent comme les jours précédents.

M. l'abbé Janel, supérieur de l'Institution Saint-Etienne, dit la première messe.

Ce sont encore les Filles de la Charité, non plus avec des orphelines comme la veille, mais avec des jeunes filles de la ville groupées sur la cathédrale en association d'Enfants de Marie. Les œuvres de persévérance aujourd'hui nécessaires aux jeunes gens ne le sont guère moins aux jeunes filles; directeurs et directrices des unes et des autres s'accordent à dire que leur mission est difficile à remplir, et aujourd'hui ils saisissent avec empressement cette occasion d'implorer le secours d'un nouveau Bienheureux. Ces jeunes filles le matin, les écoliers du Patronage l'après-midi, et le soir les membres des Cercles et des Conférences, viennent demander au Bienheureux de bénir leurs efforts, leur bonne volonté.

A sept heures, autre pèlerinage, conduit par M. l'abbé Appert, curé de Saint-Alpin. Pendant la messe, le pensionnat de MM[lles] de Raucourt exécute divers morceaux de chant avec un entrain et un ensemble admirables, sous la direction de M. Toupry, maître de chapelle de la paroisse. Comme les deux jours précédents, les communions sont nombreuses, la ferveur ne se dément point.

A huit heures, dernier pèlerinage particulier, celui de la paroisse Saint-Jean. M. l'abbé Lecocq, aujourd'hui prêtre habitué, est heureux de diriger les chants en l'honneur du Martyr qu'il a déjà fêté en 1845. M. l'abbé Lambert, curé de

Saint-Jean, adresse à ses paroissiens une courte et pressante allocution toute contenue dans ces deux mots : *Hier, aujourd'hui*. Hier, c'était pour le B. Perboyre la vie de souffrances; aujourd'hui, c'est sa glorification. Pour nous, nous sommes encore au jour d'hier, dans la vallée de larmes; tâchons d'arriver à l'aujourd'hui du Bienheureux, la joie, la gloire.

Les pèlerins se préparent nombreux à la communion, et après l'action de grâces et la vénération des reliques du Bienheureux, ils se répandent dans la cour et les corridors, ils veulent admirer et s'édifier.

La maison de campagne, Fontenay, doit avoir une partie des honneurs de cette troisième journée.

Déjà, à la grand'messe chantée par M. Noël, vicaire général, on remarque la présence de prêtres qui ont blanchi dans le ministère : ce sont les derniers témoins des fêtes de 1845. Après la messe, comme les jours précédents, les séminaristes firent entendre, toujours avec mêmes délices pour l'assemblée, la grande cantate en l'honneur du Bienheureux. Nous l'entendrons à Fontenay, nous l'entendrons le soir au Séminaire une dernière fois : on ne s'en lasserait jamais.

A FONTENAY.

Les derniers échos de la cantate retentissaient encore, et déjà l'on pensait à gagner Fontenay; déjà les prêtres invités s'acheminaient, suivis des élèves du Grand Séminaire, vers la maison de campagne. Pour ceux-ci, Fontenay, c'était leur jardin si aimé avec un air de fête de plus, et le gage d'un nouvel amour; pour ceux-là, Fontenay, c'était l'octave de la fête d'il y a quarante-cinq ans, lorsque, groupés autour d'une statue fraîchement posée, ils rendaient au martyr Jean-Gabriel Perboyre un des premiers hommages publics que la France lui ait accordés. Fontenay, c'était cette belle journée du 26 juin 1845, renaissant pour ainsi dire avec ses joies, avec ses chants; c'était encore Mgr de Prilly, reparaissant sous ces ombrages que son bon cœur avait ménagés à ses jeunes lévites.

Fontenay avait su répondre aux honneurs qu'il allait recevoir. Grâce au printemps, ses arbres, ses pelouses reprenaient leur verdure. Du haut des pins séculaires et des vieux marronniers, de longues oriflammes rouges s'agitaient au vent.

Au milieu du jardin apparait une statue ornée d'une façon toute spéciale : il semble qu'on ait pris à tâche de réunir autour d'elle toutes les décorations. Aux arbres qui lui forment de leurs branches une gracieuse niche, se balancent les cercles de verdure, flottent les banderoles. De son pied s'échappent en demi-cercle deux files de mâts, que relient des guirlandes de verdure agrémentées d'oriflammes et d'écussons.

C'est la statue du bienheureux Perboyre.

Elevée le 26 juin 1845, cette statue, depuis près d'un demi-siècle, protégeait les ombrages de Fontenay ; du jour où Mgr de Prilly avait donné à ses lévites le martyr Jean-Gabriel pour modèle et pour ange tutélaire, elle avait vu les générations successivement passer et s'agenouiller. Aujourd'hui, la statue du Bienheureux était l'objet d'un pélerinage, d'un pèlerinage de tous ; et les pèlerins allaient accourir en grand nombre.

Cependant la cloche de Fontenay a sonné l'Angelus ; les portes du réfectoire s'ouvrent pour recevoir et Mgr l'Evêque et les prêtres du dehors et le clergé de la ville.

A la fin du diner, Monseigneur avec une grâce et une délicatesse qui n'ont plus rien d'extraordinaire pour nous parce qu'elles lui sont habituelles, dit combien il est heureux d'achever avec son clergé ce que le vénéré Mgr de Prilly a si bien commencé en l'honneur du Martyr Jean-Gabriel Perboyre. Sa Grandeur remercie au nom de tous M. le Supérieur qui a ménagé au clergé de si douces joies et ouvert sur la ville de Châlons une source de si abondantes grâces. Monseigneur félicite de la belle ordonnance des fêtes tous ceux qui y ont pris une part active : il a aussi un mot charmant pour M. Chinchon qui n'oublie pas son pays et qui a voulu s'unir à ses compatriotes pour fêter le B. Perboyre, son frère en religion.

M. le Supérieur, touché de ces paroles, se lève à son tour et les remerciements qui lui ont été adressés, il les renvoie avec beaucoup de tact et de délicatesse à Monseigneur qui a bien voulu rehausser de sa présence l'éclat de toutes ces fêtes, à MM. les Vicaires généraux et Chanoines, aux Panégyristes qui ont si bien fait connaître et aimer le Bienheureux.

Il dit aussi combien il a été touché de l'empressement avec lequel le clergé du diocèse a répondu à son appel pour venir se retremper dans le souvenir des fêtes de 1845.

Bien qu'il ne soit pas permis de se louer en famille, il ne peut s'empêcher d'adresser des félicitations spéciales à l'organisateur des fêtes, et de remercier vivement tous les directeurs et les élèves qui ont rivalisé d'ardeur et de dévouement dans l'exécution des détails de la fête.

M. le Supérieur finit par un mot des plus aimables à M. Chinchon, que tous les directeurs du Séminaire sont heureux de posséder aujourd'hui : n'a-t-il pas été leur père à tous ? Cette fête pouvait-elle être complète sans la présence du père de famille ?

Mais déjà les fidèles de Châlons affluaient dans le jardin ; ni la distance, ni la pluie qui commençait à tomber n'avaient retenu leur ardeur. Sur la route de Saint-Memmie, sur le sentier qui longe le ruissseau, les pèlerins se pressent ; Tous se portent aussitôt vers la statue du Bienheureux, et l'on voit des familles entières s'agenouiller et adresser au martyr une fervente prière.

Bientôt un grand cercle s'est formé ; à trois heures, Mgr l'Evêque, accompagné de ses deux vicaires généraux en habits de chœur et précédé du clergé, se dirige au chant du *Veni creator* vers la statue. Le cantique « Triomphe, amour.... » retentit une fois encore, répété par les échos de Fontenay. Puis, après l'oraison du Bienheureux, M. l'abbé Chapiteau, curé de Saint-Loup, montant sur une estrade préparée pour la circonstance, paya son tribut d'hommage à

Jean-Gabriel Perboyre. Une pluie fine commençait à tomber : on y fit à peine attention, tellement on était heureux d'entendre l'un des glorieux vétérans de 1845 redire avec chaleur, et dans toute leur poésie, les douces joies et la ferveur du 26 juin.....

ALLOCUTION DE M. CHAPITEAU, CURÉ DE SAINT-LOUP.

« *Gallia genuit, Sina peremit, cœlum coronat.*

» La France lui a donné le jour, la Chine la mort, le ciel la couronne.

» MONSEIGNEUR,

» MES FRÈRES,

» Après les solennités pompeuses de ces derniers jours, célébrées en la chapelle de notre Grand-Séminaire de Châlons, au milieu des parfums de l'encens et des fleurs du printemps ; après les chants enthousiastes, qui ont porté jusqu'au ciel nos louanges et nos supplications ; à la suite des éloquents discours qui ont été pour nous de puissants *sursum corda*, pourquoi ce triduum de fêtes vient-il se continuer dans la solitude champêtre de Fontenay ?

» C'est, mes frères, parce que les berceaux sont toujours chers à celle que nous appelons notre mère la Sainte Eglise, aussi bien les berceaux de ses pratiques religieuses, que ceux de ses enfants et de ses héros.

» Cette tendresse maternelle, que nous l'avons bien constatée depuis six mois !

» Jean-Gabriel Perboyre est mon fils ! s'est écriée la France chrétienne, à la lecture du décret pontifical le proclamant Bienheureux, et elle a tressailli d'allégresse.

» Je suis le lieu de sa naissance et de son baptême, a répondu Cahors. — Et moi je suis le séminaire de son apostolat, a repris Saint-Lazare de Paris ; et Paris et Cahors ont rivalisé d'ardeur, pour reproduire sur la terre de France les solennités inaugurées à Saint-Pierre de Rome le 10 novembre 1889.

» Or, mes Frères, la campagne de Fontenay se glorifie aussi d'être pour le Bienheureux Jean-Gabriel un véritable berceau.

» Oui, là a commencé en son honneur, un culte qui, sans avoir été pratiqué au nom de l'Eglise, n'en était pas moins un culte de vénération, d'invocation et d'imitation.

» En saluant aujourd'hui ce berceau avec un joyeux souvenir, je ne puis arrêter sur mes lèvres ces paroles de nos Livres Saints : *Et tu Bethleem, terra Juda, nequaquam minima es in principibus Juda.*

» Reportons nos regards en arrière, sur la splendide journée du 26 juin 1845.

» Elles sont encore présentes à votre mémoire, Messieurs qui étiez alors les lévites du Grand-Séminaire, ou les Samuels du Petit-Séminaire de Saint-Memmie, toutes les circonstances de cette journée qui nous parut avoir fait de Fontenay un nouveau Paradis terrestre.

» Fontenay, avec sa ceinture de grands arbres et son ruisseau au doux murmure, si favorables à l'étude et à la prière, avec son voisinage du tombeau de saint Memmie et sa perspective du sanctuaire de Notre-Dame de l'Epine, était alors, comme il l'est encore maintenant, l'aimé rendez-vous de promenade de ceux que l'on appelait les Barnabés du Grand-Séminaire.

» En ce grand jour, de quel cœur, rivalisant avec les oiseaux du bocage, radieux dans les splendeurs d'un soleil toujours docile à l'appel de Mgr de Prilly, ne fîmes-nous pas retentir les airs de la cantate que l'inscription gravée sur le socle de la statue avait inspirée à l'un de nous et dont voici les premiers vers :

Anges des cieux, quittez vos saints cantiques,
Volez, volez vers les sacrés portiques,
L'Innocence pour moi va signaler son bras.

Ces chants, nous ne les avons jamais oubliés.

» Que de fois, pendant nos années de préparation au sacerdoce, nous en avons répété des phrases, à genoux aux pieds de l'image vénérée.

» Et depuis que nous-mêmes, nous sommes devenus des missionnaires dans des régions que nous ne voulons point appeler régions de Chine, ou pays de mandarins, car c'est notre chère France, qu'il nous a été bon de revenir, de temps en temps, retremper nos courages près de celui qui fut un si parfait imitateur de Jésus crucifié.

» N'est-il donc pas vrai de dire que Fontenay est le berceau de notre dévotion au doux et généreux martyr Perboyre ?

» Et maintenant, le Souverain Pontife, en l'élevant aux honneurs de la béatification, nous permet de lui rendre, au nom de l'Eglise, un culte public et solennel.

» Ici, dans ce berceau de Fontenay, quel éloge du Bienheureux attendez-vous de moi, narrateur et témoin de ces pieuses origines ?

» Mes Frères, quand dix-huit siècles après la naissance du Sauveur, un pèlerin des Lieux Saints a le bonheur d'entrer dans la grotte vénérée de Bethléem, il y a une exclamation qui va tout d'abord de son cœur à sa bouche ; c'est le *Gloria in excelsis*, chanté autrefois par l'armée céleste au-dessus du divin berceau. A Nazareth, c'est l'*Angelus* de l'Incarnation ; à Saint-Jean, c'est le *Benedictus* et le *Magnificat*.

» Profitant de ces heureux souvenirs, mais avec toutes les réserves nécessaires, serais-je téméraire si j'essayais de redire le cantique qui fut, il y a presque un demi-siècle, l'expression de la piété de notre jeune âge ?

» D'ailleurs, vous l'avez souvent constaté, le domaine de Fontenay est la résidence d'un fidèle écho, qui après de longs intervalles se plaît à répéter les paroles qu'on lui a confiées.

Te sonat omne nemus, rivulus ipse.

» Il me semble que tout, autour de moi, murmure doucement la poésie de ce beau jour, et m'invite à lui prêter ma forte voix.

» Interprétons donc encore une fois les trois pensées de Mgr de Prilly, qui du haut du ciel doit nous bénir à cette heure. Catholiques, rappelons la passion et la mort en Chine de notre Bienheureux, *Sina peremit*, son couronnement dans le ciel, *cœlum coronat;* Français et Châlonnais acclamons un fils glorieux de la France, un bienveillant protecteur de notre diocèse et de nos séminaires. »

Ici M. le Curé de Saint-Loup redit la cantate que nous avons insérée dans le récit de la fête de 1845.

Dans la bouche d'un témoin et acteur de cette fête, elle avait je ne sais quel parfum particulier. Bien certainement, elle évoquait toutes sortes de souvenirs chez les contemporains de l'orateur ; la joie peinte sur leurs visages montrait à tous combien ces souvenirs de jeunesse leur étaient agréables.

Forsan et hæc olim meminisse juvabit,

a dit justement le poète. Pour nous-mêmes plus tard, le souvenir de ce triduum de 1890 ne sera pas la moindre joie des fêtes de la canonisation, si nous avons jamais le bonheur d'en être les témoins.

La cantate terminée, l'orateur continua :

« Ainsi chantions-nous il y a quarante-cinq ans, alors que nous inspirant de notre dévotion privée, nous laissions libre essor à nos jeunes imaginations.

» Mais aujourd'hui, si nous nous retrouvons dans ce même berceau de Fontenay, devant la même statue vénérée, devant le pontife que je ne crains pas d'appeler le même Evêque, au zèle infatigable, et dont le nom seul est changé ; réunis aux confrères du bienheureux Perboyre, nos pères plutôt que nos maîtres, dont la direction est toujours judicieuse et l'enseignement constamment sûr, suivis encore par les Filles de la Charité, nos sœurs, parce qu'elles sont les sœurs de nos pauvres, je ne puis oublier que la fête de béatification que nous célébrons ici revêt le caractère de culte public et officiel. Que nos jeunes amis du Séminaire accordent leur lyre sur le thème proposé à leur jubilation, nous écouterons leurs chants avec bonheur, comme nous applaudissons, nous et toute la ville de Châlons, à l'intelligente ordonnance de toutes ces émouvantes cérémonies.

» Quant à moi, je dois au ministère que je remplis en ce moment, et peut-être aussi à la maturité de langage que me commandent mes cheveux déjà blanchis, de compléter ce lyrisme d'autrefois par des paroles plus graves.

» Que cette allocution s'achève donc avec l'ardente prière qu'a dictée au monde catholique l'immortel Léon XIII, dont le nom glorieux anime et vivifie toutes les solennités de ce Triduum.

« Seigneur Jésus-Christ, vous à qui votre bienheureux
» martyr Jean-Gabriel doit l'éclat que lui ont acquis au
» milieu du peuple chinois l'innocence de sa vie, ses travaux
» apostoliques, et sa merveilleuse participation à votre croix,
» accordez-nous, nous vous en supplions, d'imiter les exem-
» ples de foi, de charité et de patience qu'il nous a donnés,
» et par là de mériter d'être associés à sa gloire. »

» Puissent nos saints transports de 1845 et de 1890, s'accentuer avec plus d'énergie, s'il est possible, au jour désiré de la prochaine canonisation du Bienheureux Jean-Gabriel : *Crescat eundo.*

» Puisse notre culte pour le courageux missionnaire, qui est une des gloires de notre patrie, se transmettre aux générations futures.

Maneat remotos
Pristini cultus, patriæque laudis
Cara nepotes.

» Puissent nos petits-neveux, revoyant un jour la campagne de Fontenay, aimer à lui appliquer ces autres paroles de notre liturgie châlonnaise :

Prisca nostrorum pietas avorum
Fluxit ex illis.

» Là est le berceau, là est la source de notre dévotion à saint Jean-Gabriel. Daignez, Monseigneur, bénir nos souhaits, et ils seront exaucés. Amen. »

L'allocution terminée, Monseigneur, au pied de la statue, invoquant le secours du Bienheureux, donna à tous les assistants sa bénédiction. Puis, à cette même place où quarante-cinq ans auparavant les deux séminaires réunis avaient exécuté la première cantate, le chœur entonna la nouvelle : cette fois, Jean-Gabriel Perboyre pouvait être honoré en toute sûreté, Rome lui avait décerné le titre de Bienheureux.

Les fidèles alors, parcourant une dernière fois les allées de Fontenay et disant à la statue du Martyr un dernier adieu, reprirent pleins de joie le chemin de la ville ; tous se promettaient d'aller terminer le soir dans la chapelle du Grand Séminaire les fêtes si bien commencées et si bien continuées.

LA CÉRÉMONIE DU SOIR.

Le Triduum touchait à sa fin ; aux solennités de la fête, il fallait un digne couronnement : il fut pour le Bienheureux un véritable triomphe.

La température avait repris son calme ; un rayon de soleil couchant, dissipant les nuages, promettait une soirée sans accident. Vite, les séminaristes se mettent à l'œuvre : les transparents sont portés dans la cour d'honneur et fixés çà et là aux fenêtres ; les illuminations s'organisent à l'intérieur, et bientôt, à la tombée de la nuit, les sujets apparaissent dans leur plus vif éclat. Des cordons de lanternes vénitiennes, suspendues aux fenêtres de l'étage supérieur, projettent leurs lueurs nuancées ; une longue file de mêmes lumières, courant d'un mât à l'autre, achève de donner à la cour un aspect féerique.

Le plus bel ornement de la fête, c'est encore la foule qui s'y presse. La chapelle est remplie d'hommes auxquels on a plus spécialement donné rendez-vous ce soir-là. Les enfants des écoles sont venus prier l'après-midi, c'était jour de congé, et à Fontenay, devenu un but de promenade, ils ont pris part à la fête. Le soir, c'était le tour des hommes, et les hommes ne l'ont pas manqué. Ouvriers et patrons avec des officiers, des soldats : toutes les classes, toutes les conditions y sont amplement représentées.

A voir la ferveur avec laquelle prient tous ces pèlerins, on sent bien qu'on est auprès des reliques d'un saint.

A l'entrée de Monseigneur dans la chapelle, la récitation du chapelet cesse, les séminaristes entonnent un chœur en l'honneur du Bienheureux. Puis la procession s'organise : au chant du cantique déjà si populaire, on quitte la chapelle. Les reliques précèdent ; elles sont portées solennellement autour de la cour.

Un très grand nombre de pèlerins, qui n'ont pas pu pénétrer dans la chapelle, sont déjà massés dans le milieu de la cour. A l'arrivée de la procession, les allées, les massifs sont envahis, ce n'est bientôt plus qu'un immense flot de têtes humaines.

A la vue d'un pareil spectacle de foi et de piété, l'âme est saisie d'une émotion profonde. Monseigneur ne peut contenir davantage les sentiments qui débordent de son âme depuis le commencement de la cérémonie : il monte sur une estrade improvisée au fond de la cour.

Dès les premières paroles, Monseigneur a saisi tout son auditoire : ce sont les accents du missionnaire qui maintes fois a vu les foules et qui sait comment on leur parle. Nous regrettons vivement de ne pouvoir donner qu'une pâle analyse de cette allocution si pleine de feu et d'enthousiasme.

ALLOCUTION DE MGR L'ÉVÊQUE.

Sa Grandeur commence à peu près en ces termes :

« Nous avons eu de grandes solennités à l'Epine, à Saint-Memmie, nous avons vu les foules accourir à ces sanctuaires vénérés, mais nous n'y avons pas encore vu cet enthousiasme populaire qui nous émeut ici. Cette cour d'honneur du séminaire pourra être appelée désormais l'église du Bienheureux Perboyre.

» Qu'est-il besoin de redire la vie et les combats du saint Martyr ? Des voix éloquentes ont tout dit et bien dit pendant ces trois jours. Mais n'appartient-il pas à l'évêque d'ajouter un mot qui soit comme la conclusion de ces panégyriques et de ces admirables fêtes. ? »

Et Monseigneur montrant du doigt le tableau qui représente le Bienheureux élevé en croix, lui applique cette parole que le Sauveur a dite de lui-même : *Cum elevatus fuero a terra, omnia traham ad meipsum*, « Quand je serai élevé de terre, j'attirerai tout à moi. »

Le Martyr est là, élevé entre ciel et terre; toute sa vie, il se tint à cette hauteur, et il attire à lui sa famille, sa congrégation et sa patrie.

Sa famille, elle est belle et grande déjà, de toute la beauté et de toute la grandeur de la vie chrétienne; elle conserve, en y ajoutant encore, un patrimoine de foi, de piété, de mœurs patriarcales; de la bouche du père, l'enseignement de la religion descend dans le cœur des enfants; on apprend la prière sur les genoux de la mère; on a pour s'encourager dans la vertu le souvenir des aïeux : un des oncles du serviteur de Dieu avait couché, pendant vingt ans, dans un cercueil.... Quel sentiment des destinées éternelles !...

Avec Jean-Gabriel, cette famille montera plus haut encore : elle ira jusqu'au sacrifice; ses fils s'élèveront jusqu'à l'héroïsme de la sainteté. Elevé lui-même au milieu des siens, sur un trône de vertus, le jeune saint est une attraction pour ceux qui l'entourent. Sur huit enfants, trois filles entrent en religion, trois fils se donnent à Dieu, et ceux qui restent dans le monde y sont des chrétiens modèles. Un de ses frères, devenu missionnaire, meurt en partant pour la Chine, et lui-même, dans ce pays, subit le martyre pour la cause de Dieu. Et en attirant sa famille à de si héroïques vertus, il élève son nom même à une gloire incomparable.

Quel exemple pour toute famille chrétienne : exemple de religion, exemple d'esprit chrétien; exemple de sacrifice; et si le sacrifice, qui est l'achèvement de la vertu, ne peut atteindre toujours les proportions du modèle; si, toutes les familles ne peuvent pas donner six enfants au service de l'Eglise, du moins que toutes rendent leurs enfants capables de pratiquer les sacrifices nécessaires.

Une autre famille, la *Congrégation*, dont il fut membre, Jean-Gabriel Perboyre l'éleva également, car dans les différentes maisons où il demeura, il fut un modèle dont la simple vue suffisait pour faire monter le niveau des consciences. Dès le Petit-Séminaire, c'est, au dire de ses condisciples, un *petit Louis de Gonzague.* Au Séminaire interne de Saint-Lazare, dans un degré remarquable et remarqué, il est modeste, il est mortifié, il est plein d'amour pour la science et pour la vertu. Supérieur du noviciat, il a une parole, il a des exemples, qui font germer dans les cœurs la ferveur et l'amour de toutes les vertus.

Ses sueurs et son sang, répandus en Chine, sont une semence de missionnaires. A partir de là, la Congrégation de la Mission prodigue davantage à ces contrées barbares les conquérants du Christ.

Et nous, Clergé et Peuple Châlonnais, ne sommes-nous pas soulevés de terre par le B. Perboyre ? Répondez-moi. Ah ! nous avons raison de témoigner notre reconnaissance à sa famille religieuse et de proclamer par l'ardeur et par l'ivresse de ces fêtes combien les lazaristes nous sont chers !

Perboyre élève aussi *sa patrie, la France,* il l'élève d'un degré dans la gloire qu'elle s'est acquise en donnant toujours ses enfants pour le soutien de la cause de Dieu et pour la propagation de la civilisation chrétienne? Si saint François Xavier ressemble spécialement à saint Paul en convertissant les nations en masse, le B. Perboyre, lui, ressemble spécialement à Jésus-Christ : vivant, son zèle est en apparence infructueux, mais à peine est-il mort, qu'il change la face des choses. La France apprend que ses enfants meurent sur la terre étrangère. Elle porte ses regards vers le Céleste-Empire. A la suite du Martyr, elle pénètre dans ce pays : dans les plis du drapeau français, la Croix entre à Pékin, et au cœur même de cette civilisation vermoulue, dans la capitale de la Chine, près du palais impérial, elle bâtit une cathédrale catholique, et c'est dans plusieurs parties de l'Empire une nouvelle efflorescence de chrétientés.

Monseigneur finit par un trait qui devait être comme une dernière exhortation du Bienheureux au peuple accouru pour l'honorer.

« On raconte qu'au moment où furent ramenées en France les reliques du Bienheureux, les païens cueillaient avec respect les herbes qui croissaient près de son tombeau. Recueillons, nous aussi, quelques herbes, quelques résolutions de ces grandes et magnifiques solennités. Que nos cœurs s'élèvent de cette terre, montons vers Dieu ; prions le généreux martyr de bénir nos familles, nos prêtres et nos missionnaires, notre patrie ; supplions-le de nous rendre dignes de lui, dignes de Jésus-Christ, son maître et le nôtre. »

Monseigneur a été écouté dans le plus religieux silence : toute l'assistance s'incline sous sa main pour recevoir une bénédiction « puisée dans le cœur même du Bienheureux, » dit Sa Grandeur, et qui devra être d'autant plus puissante » et plus efficace. »

On entonne alors le *Magnificat* que toute la foule reprend en chœur : c'est d'un effet saisissant.

La procession se remet en marche vers la chapelle et le salut solennel est présidé par Mgr l'Evêque. Depuis trois jours, c'étaient de continuelles actions de grâces au Ciel, le *Te Deum* devait les résumer toutes ; aussi avec quel entrain fut-il chanté par toute l'assistance.

Après le salut, eut lieu pour la dernière fois la vénération des reliques ; elle dura très longtemps.

CANTATE AU BIENHEUREUX.

La plus grande partie de la foule était restée dans la cour ; elle voulait entendre une dernière fois la cantate qui avait fait ses délices les jours précédents.

Les séminaristes, toujours infatigables, quittent la chapelle, se réunissent dans la cour et exécutent la cantate que nous voulons conserver ici.

Au milieu du silence d'une nuit calme et étoilée, l'effet est admirable : les chants sont purs et sans aucun obstacle, les échos vont se perdre dans le voisinage. Les voix sont distinctes et l'on entend clairement tout le récit.

Ce sont d'abord les voix de la terre, invitant doucement les chœurs des cieux à joindre leurs célestes accents pour la louange du Bienheureux :

O chœurs des bienheureux, ô divines phalanges,
Prêtez-nous vos accents, vos célestes accords :
De Perboyre avec nous célébrez les louanges,
Unissez-vous à nos joyeux transports.

Figurées par les voix enfantines, les phalanges célestes accèdent aux désirs de la terre, le ciel et la terre s'animent, et tous de concert répètent avec ardeur :

Chantons, chantons le martyr bienheureux,
Chantons du Christ le courageux athlète
Qui fait en ce beau jour la royale conquête
De la couronne immortelle des cieux.

Le récit de la vie de Jean-Gabriel commence : un mot, une vertu résume cette belle vie, c'est l'humilité. Le chœur le répète d'une voix douce et presque muette ; c'est l'humilité qui se cache et passe sans être aperçue :

La sainte humilité, durant ta vie entière,
Eut toujours pour ton cœur d'ineffables attraits ;
Mais laisse-nous de ta noble carrière
Redire, ô Gabriel, les merveilleux secrets !
Il vécut parmi nous dans l'ombre et le silence,
Coulant des jours inconnus aux humains.

Jean-Gabriel cependant nourrit un désir sublime, celui d'aller travailler au salut des Chinois ; ce désir l'enflamme, ce désir est accompli. Pour traduire cette ardeur, les voix s'animent, s'empressent et semblent s'élancer :

Mais Celui qui du ciel sonde la conscience
Appelle son disciple à de plus grands destins :
Son regard s'est porté vers la Chine infidèle ;
Il veut porter partout la croix du Dieu sauveur ;
Il veut, il veut, dans l'ardeur de son zèle,
Vivre et mourir au poste de l'honneur.
Au sublime désir de l'homme apostolique,
Le ciel répond : Partez ! Ivre d'un saint transport,
Il part, il part, soldat évangélique,
Il est prêt à voler à la vie, à la mort !

En Chine, un mot encore résume son apostolat : le zèle, le zèle patient, qui sait attendre et souffrir :

Une sainte tendresse envahit sa belle âme ;
De ses frères chéris soulager le malheur,
Embraser tous les cœurs de la céleste flamme,
Tel est toujours son unique bonheur.

Tout à coup, les voix s'animent : c'est le défi jeté au mandarin chinois de faire reculer d'un seul pas l'athlète de Jésus :

En vain, en vain, tu veux, dans ton aveugle rage,
De l'apôtre du Christ, orgueilleux mandarin,
Par l'aspect des tourments abattre le courage !
De Gabriel Jésus est le soutien.

Les accents alors revêtent une sorte de férocité barbare : les bourreaux du missionnaire tentent un dernier assaut, leurs cris sont sauvages :

De ses tyrans la fureur inhumaine
Lui disait : « Foule aux pieds cette maudite croix !
» Renonce à tes erreurs, à ta croyance vaine ;
» De nos dieux embrasse les lois ! »

Soudain, une voix s'élève, forte, énergique, pleine d'un saint courroux : c'est Jean-Gabriel qui proteste à la vie et à la mort :

« Quoi ! renier mon Dieu, mon trésor et ma vie?
» Et vous fouler aux pieds, croix, signe du chrétien?
» Jamais ! jamais! La mort, mais non l'apostasie !
» Mon doux Sauveur ne m'a fait que du bien! »

La voix prend alors les accents de la prière : affaiblie par les tourments, mais faisant un suprême effort pour lancer vers Dieu une dernière prière, elle implore, elle supplie, mêlant à l'amour la confiance :

« Mon Dieu, mon Dieu ! Dans ce péril extrême,
» Comme un timide enfant je me jette en vos bras !
» Ne m'abandonnez pas à cette heure suprême,
» Soutenez-moi, mon Dieu, dans ces derniers combats ! »

La voix s'est tue ; le chœur reprend : tantôt ce sont les accents de la fureur, tantôt le murmure éteint de l'homme qui expire : Gabriel va mourir, il est mort :

Il dit, et le tyran, que la fureur inspire,
Sur son front innocent porte l'arrêt cruel :
Le nœud fatal l'étreint ; c'en est fait, il expire.
Gabriel a gagné le séjour éternel !

Le chœur alors entonne une prière, dont les derniers accents vont se perdre insensiblement dans un profond silence :

O bienheureux martyr, notre glorieux frère,
Des enfants de Vincent au ciel souvenez-vous.
Donnez-nous votre ardeur pour la divine guerre ;
Dans les combats, daignez veiller sur nous.

Les fêtes sont terminées, et malgré l'heure déjà avancée, la foule semble ne pas vouloir s'éloigner de ce lieu béni où pendant trois jours, elle a goûté tant de consolations, recueilli tant de grâces.

Elle s'écoule lentement, jetant un dernier regard et semblant dire au Bienheureux non pas adieu, mais au revoir, — au revoir au jour prochain de la canonisation.

CONCLUSION

Toute une ville accourue pour glorifier un Bienheureux qu'elle connaissait à peine quelques jours auparavant; tant et de si beaux témoignages de vraie piété donnés par la foule dans les prières, dans les chants, dans les communions, dans la vénération des reliques : tout cela trahit une puissance cachée; et quelle est cette puissance sinon celle du Martyr lui-même ? Oui, telle est la puissance d'attraction d'un saint. « *Quand j'aurai été élevé de terre, j'attirerai tout à moi* » : cette parole du divin Maître mise par Monseigneur dans la bouche du glorieux martyr Jean-Gabriel Perboyre, est bien le mot de la fin, l'explication des merveilles signalées pendant ces trois jours.

O Bienheureux Martyr, vos saintes reliques ne quitteront plus le Séminaire qui vous a fait de si belles fêtes : vous serez l'ange gardien de cette maison, soyez aussi un nouveau protecteur pour notre ville de Châlons déjà si riche en châsses de saints, et au jour de votre canonisation, nous vous porterons en triomphe dans nos temples, et, nous l'espérons, ce jour-là, dans nos rues, avec tous les saints protecteurs de la ville et du diocèse.

En attendant cet heureux jour, attirez-nous constamment à vous, comme vous l'avez fait pendant ces trois jours, affermissez le bien que vous venez de faire à nos âmes, gardez-nous, sauvez-nous.

CANTIQUES

Le Martyr

En ce jour dans l'humble Perboyre,
Chantons le nouveau Bienheureux ;
Chantons sa lutte et sa victoire,
Chantons sa gloire dans les cieux !

I

A peine au sortir de l'enfance,
Du Christ il répond à l'appel ;
Il veut aller loin de la France
Enseigner le chemin du ciel.
Un grand peuple excite son zèle,
Aux Chinois il donne son cœur ;
Bientôt, pour la Chine infidèle,
Il part au comble du bonheur.

II

Il quitte à jamais sa patrie
Après un héroïque adieu ;
Il vole à sa mission chérie,
Comptant sur le secours de Dieu.
Il va, pauvre missionnaire,
Poussé par sa sublime foi,
Il va sur la terre étrangère
Prêcher Jésus-Christ et sa loi.

III

Il part plein d'un noble courage
Puisé dans le cœur de Jésus ;
Sans crainte il affronte l'orage,
Il court, rien ne l'arrête plus.
Il a tressailli d'espérance :
Il peut travailler et souffrir.
Pour lui bien douce est la souffrance
Tant il désire être martyr.

IV

L'apôtre emporté par son zèle
Consume son corps au travail,
Heureux si la brebis rebelle
Par ses soins revient au bercail.
Par ses efforts et sa prière,
Il chasse les loups ravissants;
Avec la tendresse d'un père,
Il veille sur tous ses enfants.

V

Si l'enfer, frémissant de rage,
S'acharne contre Gabriel,
Il ne cède pas à l'orage,
Puisant sa force dans le ciel.
Sans cesse, sur le bois infâme,
Il contemple le Dieu Sauveur;
Un feu divin brûle son âme,
Et la grâce soutient son cœur.

VI

« Mon Dieu, je vous offre ma vie,
Accordez-moi d'être martyr.
Pour le ciel, ma sainte patrie,
Pourrais-je jamais trop souffrir ? »
Jésus exauce sa prière,
Jean-Gabriel sera martyr;
Et jusqu'à son heure dernière,
Il dira : *Souffrir ou mourir !*

VII

Comme Jésus son divin Maître,
Il est, malgré son dévouement,
Par la cupidité d'un traître,
Vendu trente pièces d'argent.
A la croix Jésus le convie :
Traîné par de cruels soldats,
Il devra terminer sa vie
Parmi d'ignobles scélérats.

VIII

Chaque jour un nouveau supplice
Vient renouveler sa douleur.
Devant une inique justice
Il comparait en confesseur.

« Pour éviter notre vengeance,
Lui dit-on, foule aux pieds la croix!
Renonce à ta vaine croyance,
De nos dieux embrasse les lois! »

IX

Mais Gabriel avec constance,
Devant ce danger menaçant,
De Dieu réclame l'assistance,
Et baise la croix tendrement.
« Moi renier mon Dieu, mon Père!
O mon Jésus, moi vous trahir!
Jamais!... Je crois, j'aime, j'espère!...
Mon Dieu, daignez me soutenir! »

X

Le Mandarin dans sa colère
Redouble alors de cruauté,
Mais le pieux missionnaire,
A Dieu jure fidélité.
Ferme et calme dans la souffrance,
Il ne se plaint pas de ses maux;
Par sa sublime patience
Il touche même ses bourreaux.

XI

En vain une impure parole
Près de lui vient de retentir.
Il ne voit plus que l'auréole
Qui doit couronner le martyr.
Soutenu par cette espérance,
Malgré l'excès de sa douleur,
Comme Jésus par le silence,
Il déconcerte la fureur.

XII

Un an se passe dans les chaînes,
Et chaque jour Jean-Gabriel
A son Dieu consacre ses peines
Afin de mériter le Ciel.
La Croix de Jésus-Christ l'attire
Et comme Jésus autrefois,
Il consommera son martyre
En expirant sur une croix.

XIII

Près de l'instrument du supplice
Que ce tendre agneau va subir,
Il offre à Dieu son sacrifice,
Il le consomme : il meurt martyr.
Du Martyr la sainte influence
Poursuit aussitôt les païens,
Et son sang devient la semence
D'un nouveau peuple de chrétiens.

XIV

Vous qu'admire toute la terre,
O Bienheureux Jean-Gabriel,
Daignez bénir notre prière,
Veillez sur nous du haut du Ciel.
De tous côtés gronde l'orage,
Partout le péril et la mort :
Obtenez-nous votre courage,
Aidez-nous à gagner le port.

Les Vertus du Bienheureux

O chœurs divins, à nos faibles cantiques,
Venez unir les doux concerts du Ciel ;
Chantons ensemble auprès de ces reliques,
Chantons, chantons le nom de Gabriel.

I

Chantons l'ami des lois évangéliques,
L'imitateur du Pontife éternel !
Louons, chantons les vertus angéliques,
Qui distinguaient ici-bas Gabriel !

II

Parfait chrétien dès sa plus tendre enfance,
Jean-Gabriel de toutes les vertus
Sut embellir sa candide innocence
Et se montrer disciple de Jésus.

III

Jean-Gabriel heureux dès son bas âge
De bégayer le doux nom de Jésus
Aima toujours, en changeant de langage,
Ce nom divin, délices des élus.

IV

Sur son front pur brillait la modestie,
Reflet charmant de la gloire des cieux ;
Tel autrefois croissait près de Marie,
Le Fils de Dieu, doux, modeste, pieux !

V

Il s'appliquait sans cesse à se connaître,
Comme Jésus il fut humble de cœur ;
Suivant en tout les lois du divin Maître,
Il fut pour tous un ange de douceur.

VI

L'amour divin le pénètre et l'enflamme,
Et pour Dieu seul il sent brûler son cœur ;
Il lui consacre et son corps et son âme ;
Aimer son Dieu, voilà tout son bonheur !

VII

Foulant aux pieds ce que le monde estime,
Il sait en tout s'inspirer de la foi ;
Dieu seul ! telle est sa devise sublime :
La Foi le guide, il n'a pas d'autre loi.

VIII

Jean-Gabriel près de l'Eucharistie
Goûte Jésus et répand ses soupirs ;
Là de son âme est la force et la vie,
Là son amour, l'objet de ses désirs.

IX

Humble et petit il aimait la misère
Et soulageait l'infirme et l'indigent :
Leur témoignait la tendresse d'un père,
Il retraçait l'image de Vincent.

X

Comme il est beau cet ange de la terre,
Quand prosterné devant son crucifix,
Il fait monter son ardente prière
Vers le Dieu bon dont son cœur est épris !

XI

Jean-Gabriel à l'aspect des souffrances
Du Rédempteur expirant sur la croix,
Pour expier des hommes les offenses,
Eût en retour expiré mille fois.

XII

Pour obéir à son Dieu qui l'appelle,
Il va prêcher au loin sa sainte loi ;
Il eût voulu dans l'ardeur de son zèle
Tout éclairer du flambeau de la foi.

XIII

A ses travaux succèdent la souffrance ;
Ses ennemis vont le faire mourir :
Jean-Gabriel bénit la Providence,
Heureux s'il peut expirer en martyr !

XIV

C'est en Dieu seul qu'il met son espérance ;
Dans son exil il gémit chaque jour.
Oh ! quand viendra l'heure de délivrance,
Quand s'ouvrira le céleste séjour ?...

XV

Rien n'a lassé l'invincible constance
De ce héros souffrant pour Jésus-Christ ;
La palme est due à sa persévérance,
Parmi les saints son nom doit être inscrit.

XVI

Nouvel élu de la sainte Patrie,
Pensez à nous dans les splendeurs du ciel,
Guidez nos pas au chemin de la vie,
Conduisez-nous au séjour éternel !

UN ÉLÈVE DU SÉMINAIRE.

Châlons, imp. F. Thouille.

www.ingramcontent.com/pod-product-compliance
Ingram Content Group UK Ltd.
Pitfield, Milton Keynes, MK11 3LW, UK
UKHW021602260726
13993UKWH00002B/993